LE SECRET DU PHARAON

VIOLAINE VANOYEKE

LE SECRET DU PHARAON

L'ARCHIPEL

ISBN 2-266-07626-4

A Philippe

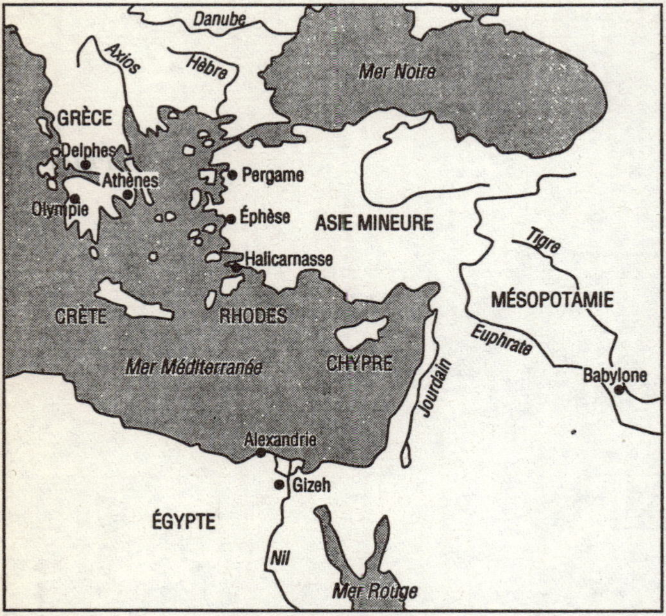

La Méditerranée

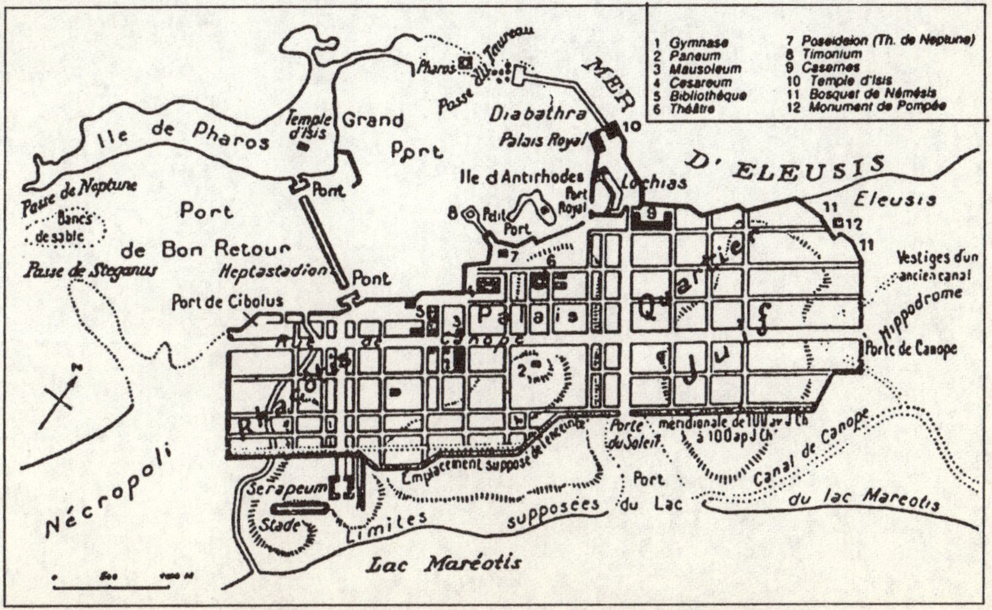

Alexandrie au 1er siècle avant et après Jésus-Christ

1

Alexandros embrassa son oncle avec affection. Bien qu'il fût triste de le quitter, son départ était devenu impératif.

Le vieil homme, qui conservait, à soixante-sept ans, une parfaite lucidité et dont le jugement était respecté dans le petit village macédonien de Philippi, secoua dubitativement la tête en observant son neveu de ses yeux aussi bleus que les flots de la mer Égée.

– Comme tu as grandi, mon garçon, lui dit-il. Cela me fait peur. J'ai prié les dieux pendant plus de quinze ans pour qu'ils ne te guident pas un jour vers Alexandrie. Je leur ai offert en sacrifice des bœufs et des brebis. Et te voilà aujourd'hui attiré par cette ville maudite !

– Mon oncle, je veux poursuivre mes recherches sur l'histoire de mon pays.

– Je sais tout cela et je te crois sincère. Mais tu me caches bien des choses…

Le jeune homme baissa les yeux devant le regard inquisiteur de son oncle.

– Je reconnais que Philippi n'est guère approprié pour ce genre de recherches. Mais tu pouvais aller à Athènes… Pourquoi choisir Alexandrie ?

– Parce que la bibliothèque d'Alexandrie possède des documents sur Alexandre et sur ses généraux. Le pharaon accepte de mettre un scribe et un archiviste à ma disposition pour quelques jours. Ils m'aideront dans ma tâche.

Kruptos s'appuya sur sa canne pour se lever. Il était de petite taille et marchait courbé.

– Je te connais, Alexandros. C'est moi qui t'ai élevé depuis que tu as quatre ans, ne l'oublie pas, et je sens que tu me caches quelque chose… Je pressens aussi un grand malheur.

Alexandros crut bon de le rassurer.

– Je suis un homme, maintenant. Je suis grand et fort. J'ai participé avec succès à de nombreuses compétitions sportives et j'ai réussi toutes mes épreuves…

– C'est bien cela qui m'inquiète. Tu te sens fort et tu risques d'aller au-devant de grands dangers en te croyant plus robuste que tu ne l'es.

La petite maison blanche de Kruptos se trouvait à la sortie du village. Elle était entourée d'un jardin où poussaient des légumes et deux oliviers au tronc noueux.

Kruptos abandonna la terrasse ombragée d'un

treillis sur lequel couraient des plantes odorantes et entra dans la salle à manger.

– Viens, dit-il à son neveu. Suis-moi.

Persuadé que son oncle allait encore tenter de lui faire la leçon, Alexandros poussa un soupir avant de s'exécuter. Il le suivit dans la chambre du vieil homme. Kruptos releva le morceau de tissu qui obstruait la fenêtre et empêchait les rayons de soleil de pénétrer dans la pièce. Puis il tira maladroitement de dessous sa couche un petit coffre, qu'il ouvrit.

– Tu es aussi têtu que l'était ton père. Je ne tenterai donc pas de t'empêcher de partir. Tu t'embarquerais de nuit et courrais alors les pires dangers. Je préfère que tu partes dans les meilleures conditions avec un équipage sérieux qui connaisse la mer et t'amène à bon port sur un vaisseau rapide. Tes parents vivaient dans l'aisance lorsqu'ils sont morts. J'ai vendu certains de leurs biens et en ai tiré un bon prix. J'estimais que cet argent devait te revenir. Aussi ne l'ai-je pas dépensé, même pour payer tes études ou pour te nourrir.

Comme Alexandros s'apprêtait à protester, Kruptos l'arrêta de la main.

– J'ai toujours vécu heureux. Nous n'avons manqué de rien. Il était inutile de toucher à cet argent. Aujourd'hui je te le donne. Fais-en bon usage.

Alexandros regarda dans le coffre avec stupéfaction.

– Mais, mon oncle, cela représente une fortune !

Tu aurais pu t'acheter une propriété, un bateau neuf, employer des esclaves ! Je veux t'offrir tout cela pour te remercier de l'affection dont tu m'as toujours entouré.

– Il n'en est pas question ! Je te demande seulement d'utiliser cet héritage à bon escient en agissant dignement et en pensant à ton père et à moi.

Alexandros l'embrassa. Il était grand pour un Macédonien. Ses cheveux bruns et bouclés encadraient un visage rond aux yeux étonnamment clairs. Sa carrure d'athlète lui avait permis d'être sélectionné à dix-huit ans dans des jeux athlétiques mettant en compétition des champions du monde entier.

– Laisse-moi seulement t'offrir un bateau neuf, insista-t-il.

Kruptos hocha la tête.

– A mon âge ? Nous n'habitons même pas au bord de la mer !

– Tu vas bien pêcher sur ta vieille barcasse ! Ce ne sont pas les quelques milles qui séparent le village de la mer qui te font peur ! Allons, nous irons dès demain acheter un bateau digne de ce nom. Les charpentiers ne manquent pas par ici, avec toutes nos forêts. Nous choisirons le meilleur !

Kruptos se laissa tenter. Quand les deux hommes ressortirent sur la terrasse, une légère brise apportait une douce odeur de jasmin.

– C'est l'heure que je préfère, dit Alexandros. Il fait si bon ici, à tes côtés.

Il caressa un cabri roux qui cherchait à téter sa

mère et s'avança sur le chemin qui conduisait à la place publique, au centre du village. De l'endroit où il était, il pouvait distinguer le théâtre bâti à flanc de colline et la petite sente qui y menait à travers les ronces et les pierres. A côté se trouvaient les bains publics.

Derrière la place entourée de boutiques et de bâtiments officiels s'étendait le gymnase qu'il avait tant fréquenté. Puis le chemin continuait, descendait là-bas, tout là-bas, bordé de lauriers roses, jusqu'à la mer d'où l'on pouvait presque distinguer le rivage asiatique, si proche.

Alexandros avait déjà beaucoup voyagé. Il connaissait le Péloponnèse et l'Attique. Mais il ne s'était jamais rendu en Égypte, où il était né pendant la saison de *shémou*[1] de l'année 291. Il savait qu'il partait pour longtemps. Peut-être même ne reverrait-il jamais Kruptos, et cette perspective l'accablait. Mais il semblait que son destin décidait pour lui et qu'il n'y pouvait rien changer.

Alexandros ne savait encore comment il se passerait de son chien, de sa sieste à l'ombre du treillis, de ses débats matinaux sur la place publique avec ses amis de toujours, des sages conseils de son oncle, le patriarche du village, de ses parties de pêche, de ses longues heures passées à la bibliothèque, des rires de Mélissa qui croyait l'aimer parce qu'ils avaient eu les mêmes maîtres et entendu les mêmes leçons.

1. La saison des moissons.

Un horizon nouveau s'ouvrait devant lui. Et alors même qu'une main le retenait à Philippi, une autre le tirait vers son destin. Malgré sa peine infinie, malgré son amour pour Kruptos, malgré ses regrets de quitter un pays qu'il aimait, Alexandros ne différerait sous aucun prétexte son départ pour l'Égypte.

2

Deux jours plus tard, Kruptos ne vit pas partir son neveu sans inquiétude. Si le climat était idéal en ce mois de juillet où la Grèce ne connaissait aucun jour de pluie et si la Méditerranée avait été purgée des pirates depuis quelques années, les craintes de Kruptos n'en étaient pas pour autant dissipées. Elles ne provenaient pas des risques liés à la navigation, mais des véritables raisons du départ de son neveu, qui, il en était sûr, ne se limitaient pas à la recherche historique.

La veille, Kruptos était allé prier Zeus afin qu'il ne déclenchât pas sa foudre pendant la période où Alexandros se trouverait en Égypte. Il avait adressé des prières aux dieux, les bras levés vers le ciel. Il avait longuement rappelé les actes de piété qu'il avait jusque-là accomplis avec Alexandros afin que sa prière fût entendue. Puis il avait fait de nombreuses offrandes, des libations de vin et de lait, de légumes et de pâtisseries qu'il avait lui-même déposés sur l'autel. Il n'avait pas non plus lésiné sur le choix des animaux offerts aux divinités, qui étaient tous sains, sans défaut et entièrement blancs. Malgré le peu de moyens dont il disposait, il avait sacrifié une vache à Athéna, deux chèvres à Artémis et à Aphrodite et un verrat à Poséidon, le dieu de la Mer, qui guiderait la traversée d'Alexandros.

Kruptos avait voulu une cérémonie dans les règles, qui avait eu lieu à l'aube. L'autel avait été décoré de fleurs et de guirlandes de feuilles. Les prêtres, vêtus de blanc, avaient tendu à Alexandros et à Kruptos la couronne des sacrifices. Ils en avaient également paré les bêtes suppliciées dont ils avaient doré les cornes. Kruptos avait cependant insisté auprès des prêtres pour que le verrat fût tué juste avant que le bateau d'Alexandros ne quittât les côtes macédoniennes.

Le navire et l'équipage étaient donc déjà prêts quand Alexandros rejoignit le matin du départ son oncle sur la place publique. Il aspergea lui-même le verrat sacrifié et les assistants d'eau lustrale qu'il puisa avec ses mains dans le *chernips*[1]. Il aida les prêtres à allumer un feu sur l'autel à l'aide de grains d'orge et de poils d'animaux.

Puis il se concentra sur sa prière. Le sacrificateur saisit alors un long couteau aiguisé et s'empara d'un geste brusque de la tête du verrat qu'il tira en

1. Vase.

arrière. Il trancha d'un coup net la gorge de la bête dont le sang inonda l'autel. Les prêtres en brûlèrent une cuisse avec un peu de graisse en l'honneur de Poséidon. Puis les chairs de l'animal furent dépecées et partagées entre les prêtres et les fidèles.

– Quelle bonne odeur ! murmura Alexandros à son oncle. Voilà qui est bon signe. Je vais certainement faire un séjour enrichissant dans cette Égypte que tu redoutes tant !

Comme Kruptos marmonnait, Alexandros tenta une nouvelle fois de le rassurer.

– Attends ! dit subitement Kruptos au devin qui assistait au sacrifice. Je ne suis pas convaincu. Pourrais-tu examiner pour moi le foie de la victime ?

– Bien sûr, répondit le devin en s'avançant vers l'autel. Mais il faudrait plus de temps et je doute qu'Alexandros veuille retarder son départ.

– Allons donc ! Il n'est plus à une demi-journée près !

– Comme tu voudras... conclut le devin en regardant la moue d'Alexandros.

Il examina les viscères de la bête sacrifiée avec une attention extrême sous les yeux inquisiteurs de Kruptos. Comme il tardait toutefois à se prononcer, Kruptos le devança.

– Ce foie est taché, lui dit-il. Pourquoi ne te prononces-tu pas ?

– J'avoue qu'il m'est très difficile de faire un diagnostic. Ce foie est certes en mauvais état, ce qui n'augure rien de bon, mais il est gros et me semble par ailleurs avoir fonctionné normalement.

Il se pourrait donc que le séjour de ton neveu ne se déroule pas sans contretemps. Mais tout s'achèvera bien.

Kruptos ricana.

– Tu dis cela pour être mieux payé. Moi je vois dans ce foie tous les malheurs du monde !

Alexandros frissonna.

– Allons, mon oncle, dit-il devant le public médusé. Tu nous effraies inutilement. Que veux-tu qu'il arrive à un étudiant à Alexandrie? Qu'un rouleau de papyrus tombe des rayons et le tue ?

– Ne sois pas ironique, lui conseilla Kruptos. On ne se moque jamais impunément des dieux.

Alexandros crut bon de ne pas insister. Il ne voulait pas quitter son oncle en mauvais termes. Aussi s'abstint-il de parler en rejoignant le pont, le vieil homme à son côté.

Quand ils arrivèrent, Kruptos avait retrouvé un semblant de sourire. Les deux hommes s'étreignirent longuement avant de se quitter.

Alexandros avait décidé de faire une halte en Crète avant de gagner l'Égypte. Il y parvint sans encombre, les Grecs sillonnant depuis un siècle la Méditerranée pour venir à bout des pirates. L'équipage qu'il avait choisi était celui d'un vaisseau marchand qui avançait à la voile, aussi mit-il près de sept jours pour atteindre la Crète. Les marins refusaient en effet de naviguer de nuit faute de phares puissants. Ils ne perdaient guère la terre de vue et suivaient, le jour, les côtes de près, passant d'île en île pour coucher sur la terre ferme. Ils s'attardèrent dans la rade du Pirée où affluaient des produits du monde entier et y vendirent le bois qu'ils transportaient.

Leur escale près de Knossos fut également plus longue que les précédentes car ils voulaient y acheter des poteries pour les revendre à Alexandrie où vases et bijoux grecs étaient fort appréciés. Le pharaon n'était-il pas d'origine hellénique et ne souhaitait-il pas, par-dessus tout, réaliser une symbiose parfaite entre la culture grecque et la civilisation égyptienne ?

Au quatorzième jour de traversée, Alexandros ne vit pas sans joie ni sans soulagement une lueur briller au crépuscule.

– Il est temps que nous arrivions, lui avoua le chef d'équipage. Je voulais faire une dernière escale avant d'atteindre Alexandrie, mais ce phare est tellement puissant qu'il nous a permis de naviguer après le coucher du soleil.

– Cette lueur, au loin, murmura Alexandros, est... le phare d'Alexandrie ?

– Il nous ouvre la voie du grand port.

– Et de la plus grande ville du monde... dit Alexandros, enthousiaste. La ville où je suis né...

– Ah bon... se contenta de grogner le chef d'équipage qui jugeait l'enthousiasme d'Alexandros démesuré.

– Cette tour qui veille sur Pharos fut élevée par Sostratos de Cnide, le fils de Dexiphanès, pour le salut des Grecs. En Égypte, aucune île ne peut servir de guet car la berge accueillant les navires s'étend au ras des eaux. C'est pour cela que se dresse, droite et haute, découpée sur le ciel, cette tour, qui, juchée sur d'inabordables rocs, apparaît le jour, dit Alexandros, citant une épigramme de Poséidippos.

Debout à la proue du vaisseau qui filait sans bruit sur la surface des flots, le Macédonien n'avait d'yeux que pour ce miracle qu'il ne connaissait que par ses représentations sur des lampes grecques, des mosaïques ou des monnaies.

– Nous arrivons donc…

– Oh ! Nous sommes encore loin du grand port ! Ce phare est tellement haut qu'on le voit de loin !

Plus le navire se rapprochait, plus l'attention et la curiosité d'Alexandros étaient vives. Il crut enfin distinguer le haut de la tour carrée percée de fenêtres et l'élément rond qui la surmontait dominé par une statue. Sa construction avait été commencée par Ptolémée Sôtêr et achevée par le pharaon en titre dix ans auparavant. Des angles du premier étage — l'édifice se composait de trois parties — retentirent des cornes de brume signalant leur arrivée. Le bûcher de bois résineux brûlant à côté de la statue laissait échapper une fumée qui venait noircir le ciel.

Le vaisseau longea le rocher sur lequel avait été construit le phare. Du haut du parapet qui surmontait le premier étage, dont la forme était celle d'un carré de quarante-cinq pas et dont la hauteur atteignait trente et une brasses, un Égyptien, vêtu d'un simple pagne, salua l'équipage grec et lui fit signe d'avancer sans crainte.

– Eh bien ! cette fois-ci, nous y sommes, déclara Alexandros, les yeux encore éblouis par l'élégance et la hauteur du phare. Combien de fois ai-je rêvé aborder sur ce rivage ? Depuis l'âge de dix ans, je ne vis que pour cet instant. Maintenant, le plus dur m'attend.

3

Des Égyptiens accostèrent Alexandros dès qu'il débarqua et lui proposèrent de le conduire là où il le souhaitait. Le jeune homme hésita. Un scribe de la bibliothèque d'Alexandrie lui avait fait savoir qu'une chambre pouvait être mise à sa disposition non loin de son lieu de travail ou au museum, où résidaient tous les savants.

Le Macédonien déroula la lettre qu'on lui avait envoyée en Grèce et demanda tout d'abord aux Égyptiens de le conduire au lieu indiqué. Puis il se rétracta.

– Connaissez-vous la maison de Glaukos Agathos ? demanda-t-il à l'un des deux hommes.

L'intéressé interrogea son acolyte en égyptien. Tous deux possédaient des rudiments de grec.

– Non, vraiment pas. Nous ne voyons ni l'un ni l'autre qui est cet Agathos, lui répondirent-ils, l'air navré. Alexandrie est une si grande ville !

– Certes, approuva Alexandros en s'excusant. Je l'avais un instant oublié. Et puis Glaukos est décédé depuis si longtemps...

– Était-il un personnage important ?

– Peut-être... Oui, je crois... répondit évasivement Alexandros.

– Glaukos, Glaukos... dit le plus âgé des Égyptiens en se grattant le front. Quand est-il mort ?

– Il y a vingt ans, dit Alexandros sans hésiter.

L'Égyptien frémit.

– Oui, maintenant je vois. Cet homme a été tué avec toute sa famille. Il a été assassiné. Il avait une position confortable et les Alexandrins en ont longtemps parlé. C'était un homme honnête et bon.

– Savez-vous où il habitait ? insista Alexandros.

– Oui, dans une grande propriété à la sortie de la ville, précisa l'Égyptien à son compatriote.

– On dit que cette maison est hantée. Une sorcière vient y faire des incantations.

– Mais qui en est propriétaire ? demanda Alexandros.

– Personne ne voudrait l'acheter. Elle est restée inhabitée depuis la mort des Agathos. Aujourd'hui, elle est en ruine.

– Alors, écoutez-moi bien, leur dit Alexandros. Conduisez-moi ce soir au lieu indiqué sur ce papyrus et revenez me chercher dès demain à l'aube. Vous me mènerez alors à cette maison.

Comme les deux Égyptiens hésitaient, Alexandros promit de leur donner à tous deux une forte somme d'argent.

– Là n'est pas la question, lui répondit le plus âgé. Mais les Égyptiens n'aiment pas trop se promener autour de cet endroit maudit. Vous êtes étranger. Vous ne connaissez pas les quartiers ou les endroits d'Alexandrie qu'il vaut mieux éviter et...

Alexandros sourit tristement. Son regard se perdit vers les flots noirs sur lesquels miroitait le brasier du phare. A cette heure pourtant tardive, marins et pêcheurs s'activaient encore sur le quai. Les eaux venaient s'écraser sur la jetée en ramenant du large une odeur salée, un peu âcre.

Alexandros comprenait vaguement ce que disaient les marins.

– Oui, vous avez raison, reconnut-il. Je ne suis ici qu'un étranger, bien que cette ville soit une cité grecque, et j'ai l'impression de fouler le sol d'Alexandrie pour la première fois de ma vie. Je suis pourtant alexandrin, comme vous. Je suis né ici. Mais là n'est pas notre propos. Accepterez-vous, oui ou non, de me conduire demain à la maison de Glaukos ?

Les Égyptiens hésitèrent encore, puis hochèrent la tête en signe d'acquiescement.

– Nous resterons cependant à une bonne distance.

– Soit. Je continuerai à pied, dit Alexandros.

La bibliothèque était située non loin du port. Aussi les Égyptiens parvinrent-ils rapidement rue de Canope.

– C'est là, dirent-ils à Alexandros en le laissant descendre de la chaise à porteurs.

Un petit immeuble faisait face à la bibliothèque.

Aussitôt, un homme d'une quarantaine d'années en sortit et vint prendre le sac d'Alexandros.

– Nous vous attendions depuis plusieurs jours, lui dit-il. En entendant les cornes de brume, mon serviteur s'est précipité au port puis il est venu m'informer de votre arrivée. Je tenais à vous accueillir comme le sont ici tous les savants étrangers.

Alexandros se montra flatté.

– Je ne suis qu'un étudiant... répliqua-t-il, gêné.

– Venez. Je vais vous montrer votre chambre.

Après avoir rappelé aux deux Égyptiens qui l'avaient accompagné qu'il les attendait le lendemain au même endroit, Alexandros suivit son hôte.

– Quelques savants sont logés ici. Nous sommes dans une annexe de la bibliothèque. Je suis chargé de l'accueil et de l'entretien. Cet endroit m'appartient, mais une partie de nos biens est mise à la disposition du roi. Vous ne serez pas dépaysé à Alexandrie. De très nombreux Macédoniens y vivent. Tous les Grecs peuvent résider où bon leur semble tandis que nous autres, Égyptiens, sommes assignés à des quartiers spéciaux, comme les juifs. Bien qu'ils reconnaissent l'autorité de notre roi, les Macédoniens refusent souvent de changer leurs habitudes et leurs mœurs. J'espère vivement que vous vous plairez dans notre ville.

Alexandros eut un sourire entendu.

– Le roi est absent en ce moment, mais le stratège de la ville le remplace. Je vous présenterai demain au dioécète préposé aux finances du roi Ptolémée.

– Je serai absent dans la matinée, crut bon de préciser Alexandros.

– Ah ! bien… s'étonna l'Égyptien. En ce cas, nous le rencontrerons au coucher du soleil.

– Cela me convient, lui répondit le Macédonien. J'imagine que le roi est souvent absent d'Alexandrie. Il doit avoir bien des tâches à accomplir dans la vaste Égypte.

L'Égyptien posa le sac d'Alexandros sur le seuil d'une petite pièce modeste meublée d'un simple matelas, recouvert d'une pièce d'étoffe, et de deux coffres à vêtements. Une table de travail était placée contre le mur. De la fenêtre, Alexandros pouvait apercevoir le trafic maritime et le phare qui scintillait dans la nuit étoilée.

– Notre maître est contraint de surveiller ses terres et de rendre fréquemment visite aux prêtres qui administrent les terres sacrées des dieux et aux fonctionnaires qui exploitent le sol royal. Il tient à ce que le bétail soit bien gardé et, comme il affectionne dans les banquets l'oie et le porc, notre roi a la réputation de contrôler lui-même les éleveurs d'oies et de porcs !

Alexandros éclata de rire. Il se souvint que l'État avait à Alexandrie de nombreux monopoles comme celui de l'industrie, du sel, du natron, de l'alun, des pêcheries, de l'élevage des pigeons, des cuirs, du papier, des parfums, des teintureries, des bains, des banques ou du miel.

Il remercia l'Égyptien de son accueil et lui avoua que le voyage l'avait fatigué, son intention étant de se lever à l'aube.

– Je m'appelle Sethnacht, lui dit celui-ci en s'effaçant. Que la nuit vous soit douce !

Dès qu'il fut seul, Alexandros s'assit sur sa couche. S'il se sentait las, la curiosité et le but de son voyage l'excitaient à tel point qu'il n'avait pas véritablement envie de dormir. Il contempla encore une fois les flots noirs. Le phare éclairait l'île de Pharos rattachée à la terre par une digue sur laquelle il avait été construit, et qui était située au loin, face au palais royal.

De multiples points lumineux animaient le rivage. « Sans doute des cabanes de pêcheurs, se dit Alexandros. J'ai connu ici ma part de malheur. Quelle sera ma part de bonheur ? Car il faut bien qu'il y en ait une. Les limites de cette ville ont été tracées avec de la farine empruntée aux rations de l'armée. C'est chez nous un signe de grandeur et de bonheur. Alexandrie ne saurait être que la source de mes années les plus douloureuses. »

4

Alexandros s'endormit beaucoup plus tard. Il fut réveillé par la blancheur de l'aurore et les bruits de la rue qui ne lui étaient pas familiers. Sans prendre le temps d'avaler une galette ni même une pâtisserie, il revêtit en hâte une tunique courte qu'il serra à la ceinture. Après avoir enfilé ses sandales, il descendit rapidement l'escalier qui donnait dans la rue de Canope et rejoignit les deux Égyptiens qui l'attendaient.

– La maison d'Agathos se trouve à l'est, lui dit celui qui avait l'air le mieux informé. Elle donne sur la mer.

Les trois hommes suivirent la rue de Canope, qui traversait la ville dans le sens de la longueur. Ils passèrent devant de nombreux temples dédiés aux dieux grecs et dépassèrent le gymnase. Non loin de là, sur une colline artificielle, avait été construit le palais de justice dédié au dieu Ptah. Après l'avoir longé, ils obliquèrent sur la gauche vers le palais et gagnèrent le rivage qu'ils suivirent en direction du port royal. Derrière eux brillait encore la lanterne de résineux surmontée de la statue en bronze de Poséidon, qui dominait le petit port. Un terrain vague séparait la mer d'un cimetière. Les Égyptiens le traversèrent puis s'arrêtèrent là.

– Voilà la maison que vous cherchez, dirent-ils à Alexandros en pointant le doigt vers une façade blanche.

– Mais il n'y a là aucune autre habitation ! s'exclama Alexandros.

– Je vous avais prévenu. Personne ne veut habiter ici. C'est un endroit maudit. Seules y viennent les prostituées et les magiciennes. Comment allez-vous rentrer ?

– Je ne sais pas... avoua Alexandros. Je marcherai. Laissez-moi là sans crainte. Rien ne peut m'arriver, je vous l'assure.

Après l'avoir suivi du regard, les Égyptiens s'en retournèrent vers le centre de la ville.

Alexandros se dirigea d'un bon pas vers la maison en ruine. Cependant, en approchant de la façade blanche qui offrait ses pierres à la brise marine, il ralentit et sentit son cœur battre plus vite et plus fort.

Les herbes avaient envahi la cour centrale et la plupart des pièces du rez-de-chaussée. La façade du bâtiment était encore debout ainsi qu'une partie du premier étage. La fontaine de la cour, verdie de mousse, n'avait rien perdu de sa majesté ; au centre, un Éros en marbre tenait un dauphin à bout de bras.

Alexandros avait toujours été persuadé qu'il reconnaîtrait ces lieux dès qu'il y reviendrait. Il eut la triste surprise de ne rien ressentir. Il n'avait conservé aucun souvenir de ce sol qu'il foulait enfin après tant d'années.

Ces mosaïques cassées qui recouvraient le sol des bains et dont les couleurs avaient passé au soleil ; ces bancs entourant la cour carrée où il avait dû s'asseoir autrefois ; cette vue s'ouvrant vers le large n'éveillèrent en lui aucune réminiscence. Il soupira et s'assit sur un bloc de pierres.

– Que suis-je venu faire ici ? se demanda-t-il tout haut. Kruptos avait deviné que je viendrais en ce lieu. Et maintenant ?

Découragé, Alexandros ferma les yeux et respira profondément. Le soleil était déjà brûlant. Il regarda cet astre blond qui semblait émerger de l'eau et tourna la tête vers l'olivier qui devait autrefois ombrager la partie est de la maison. Il était haut et touffu. Solitaire en ce lieu où rien ne paraissait vouloir pousser, symbole de l'éternel renouveau, il veillait ses ruines.

Alexandros observait ses branches chargées de fruits, en s'interrogeant sur son âge. Il s'en approcha et s'étendit à l'ombre de son riche feuillage quand une image fugitive lui traversa l'esprit. Il se souvint soudain s'être déjà assis à cet endroit. Un homme, alors, le surveillait. Cet homme n'était pas jeune. Il avait un beau sourire et des dents éclatantes, une voix chaude et rassurante. Alexandros se revit courir maladroitement vers lui tandis qu'il lui ouvrait les bras.

Dès lors, ses souvenirs se remirent en place. De l'endroit où il était allongé, il revit les demeures qui entouraient la maison, bâties sur de petites terrasses près desquelles avaient été creusées des citernes. Toutes mitoyennes, elles étaient modestes et construites en bois. Alexandros se souvenait de leurs portes qui s'ouvraient sur l'extérieur en blessant parfois les passants.

La maison lui parut familière. Telle pièce avait des fenêtres si petites qu'il n'était guère utile de les obstruer en cas de pluie. La bâtisse regardait vers le midi pour que le soleil pénétrât en hiver dans les appartements et pour qu'il passât l'été au-dessus des toits en la laissant dans l'ombre.

Alexandros se souvint d'une salle de banquets décorée de mosaïques qui devait se trouver à l'angle nord-est et d'un vaste salon situé au nord, dans lequel filtrait la lumière de la cour intérieure. La salle à manger était à côté de la cuisine et de la salle de bains.

Alexandros se leva.

– Mais oui ! s'exclama-t-il. Là se trouvait le cellier et là l'atelier. Au premier étaient le gynécée et les chambres.

Il caressa les restes d'une colonne en marbre.

– Les colonnes entourant la cour, dit-il, et devant, le vestibule. Je me souviens… On redoutait tant de descendre l'escalier pour baigner les enfants que les hommes avaient décidé d'habiter au premier étage et de céder le rez-de-chaussée aux femmes. Les terrasses étaient décorées de balustrades et de colonnes. Les murs intérieurs étaient tendus de tapisseries et de broderies évoquant des scènes de *l'Odyssée* que la famille affectionnait. Les plafonds étaient lambrissés. Quand il faisait trop chaud, on couchait sur la terrasse plate de la maison, où retombaient les jeunes branches de l'olivier.

Alexandros courait maintenant d'un point à l'autre.

– Quelle merveille ! s'exclama-t-il. Cette demeure était très belle. Elle abritait un personnage illustre. Je vais la rebâtir en me laissant guider par mes souvenirs. Oui ! Je vais la rebâtir et je l'habiterai ! Je trouverai bien des esclaves prêts à me servir dans ce coin perdu, même si je dois les payer grassement.

Tandis qu'il arpentait les ruines, qui à présent lui parlaient, Alexandros entendit des éclats de voix. Il s'étonna que des Alexandrins s'aventurassent jusque-là ; aussi s'apprêtait-il à les interroger lorsqu'il reçut une volée de pierres.

– Dehors ! crièrent-ils. Hors d'ici ! Va aux corbeaux, toi qui oses fouler ce sol maudit !

Tout jeunes qu'ils étaient, les Alexandrins redoublèrent de menaces et blessèrent le Macédonien au front. Aussitôt remis de sa surprise, Alexandros se mit à riposter quand une vieille femme, vêtue d'une tunique sale, s'avança vers lui.

– Que fais-tu là, le Grec ? lui dit-elle. Ne t'a-t-on pas déconseillé de venir ici ? Quitte ce domaine.

Alexandros n'était pas homme à se laisser intimider.

– Qui es-tu, vieille sorcière ? Ces jeunes fous sont-ils tes fils ?

– Certainement pas. Mais tous ceux qui apprendront que tu es venu ici feront en sorte que tu reprennes la mer et que tu regagnes ton pays.

– Mon pays est ici ! cria presque Alexandros. Non seulement parce que je suis né ici, mais parce que je suis macédonien comme l'était Alexandre le Grand sans qui cette ville n'existerait pas ! Cette cité est grecque, ne l'oublie pas !

– Je vais prévenir le chef des astynomes…

– Bien sûr ! Et pourquoi pas l'exégète ou le gouverneur ? rugit Alexandros en s'essuyant le front. Apprends donc que je suis ici grâce au roi et que je suis accueilli dans cette ville au même titre que les plus grands savants.

La vieille bougonna.

– Tout cela ne m'intéresse pas, répondit-elle en incitant du geste les adolescents à reprendre leurs tirs. Si tu ne pars pas immédiatement, je saurai bien te convaincre de déguerpir !

Atteint une nouvelle fois à la jambe, Alexandros empoigna la vieille femme et l'entraîna à l'écart sans ménagement.

– Écoute-moi bien, lui dit-il, car je ne me répéterai pas. Je suis ici chez moi, entends-tu ? Cette maison est celle de mes parents, celle d'Agathos, mon père. Je m'appelle Alexandros Agathos et, à en juger par les témoignages que j'ai recueillis, mais aussi par la taille de ce domaine, mon père était un personnage influent à Alexandrie.

La vieille n'était pas convaincue. Elle ricana méchamment.

– Certes, Agathos était un grand homme qui était reçu à la Cour. Il avait fait fortune et il exerçait à Alexandrie une importante fonction. Ses serviteurs étaient nombreux ; sa femme était jeune et belle. Mais je suis convaincue que tu mens.

– Comment oses-tu ? menaça Alexandros en levant le bras comme s'il voulait la frapper.

La vieille se protégea le visage de la main.

– Tu ne peux être le fils d'Agathos, lui dit-elle, toute sa famille a été tuée. Sa femme et ses enfants ont été retrouvés morts. C'était horrible !

– Écoute-moi, lui dit Alexandros. Je suis bel et bien le fils d'Agathos. Je n'étais pas mort quand mon oncle est rentré chez nous et m'a trouvé allongé près de ma mère. Il m'a soigné et m'a élevé. Je suis allé vivre chez lui à Philippi, en Macédoine.

Devant l'air affligé d'Alexandros, la vieille perdit de son assurance.

– Mais comment cela se peut-il ? murmura-t-elle. Comment ? Tout cela est impossible. Impossible ! J'ai vu moi-même…

Alexandros la tira par la tunique.

– Je te jure par tous les dieux que je dis la vérité ! Quant à toi, tu sembles en savoir plus long que je ne le pensais. Faisons un marché : si tu me racontes ce que tu sais, je te donnerai un talent.

La vieille le fixa de ses yeux ronds.

– Par Zeus, je te crois fou. Mais si tu paies bien, rien ne m'empêche de te parler. Ce n'est pas un secret. Je connaissais les Agathos et c'est moi qui les ai trouvés morts. Je lavais les mosaïques chaque jour dans cette maison. Quand je suis arrivée, ce jour-là, je les ai trouvés étendus dans la salle à manger. Ils avaient été tués d'un coup de couteau. La pièce en question se trouvait là, ajouta la vieille en pointant son doigt vers l'olivier.

– Je sais... murmura Alexandros en la suivant.

– Là reposait le corps du maître, là celui de sa femme et là ceux des enfants, Mélissa, Équitos et Alexandros. Tu ne peux donc être Alexandros.

Le Macédonien se contenta de dégrafer sa tunique. Une cicatrice barrait sa poitrine.

– Tente de te souvenir. Alexandros a-t-il été poignardé à cet endroit ?

La vieille poussa un cri et recula d'un pas.

– Je ne sais si tu reviens du séjour des morts et si ton âme a retrouvé ton corps pour séjourner de nouveau sur terre, dit-elle. Mais, qui que tu sois, méfie-toi des Alexandrins. Ils ne te feront pas de cadeaux. Maintenant, donne-moi mon argent et laisse-moi partir. On me tuerait si l'on me voyait parler avec toi.

– Soit ! dit Alexandros en lui tendant l'argent, mais je dois pouvoir te retrouver en cas de nécessité.

– Je suis magicienne dans le quartier des juifs, à deux pas d'ici.

– As-tu une idée de l'identité des assassins de mes parents ?

– Non ! cria la vieille en s'éloignant. Non, je ne sais rien. Rien du tout !

Et elle partit en courant, suivie des jeunes Alexandrins.

5

Après avoir fureté toute la matinée et échafaudé des plans pour la reconstruction de ce qu'il considérait être sa maison, Alexandros fut tenté d'aller jeter un coup d'œil dans le cimetière voisin. Peut-être la tombe de sa famille s'y trouvait-elle. Peut-être un ami des Agathos l'avait-il entretenue. Auquel cas, il posséderait déjà un début de piste pour imaginer la vie de ses parents, les faire revivre en son esprit. Car telle était bien son intention. Il voulait suivre la carrière de son père pas à pas, découvrir son assassin et le traîner en justice ou le tuer.

Kruptos l'avait bien compris qui redoutait de le laisser partir. Sans doute craignait-il aussi les découvertes que ferait son neveu. En savait-il plus long qu'il ne voulait bien le dire ?

« J'aurais dû l'interroger avant mon départ », se dit Alexandros.

Puis il se ravisa.

« Non. Après tout, j'ai bien fait d'agir ainsi Peut-être ne m'aurait-il pas laissé partir. Et puis, je compte bien profiter de ce séjour ici pour poursuivre mes recherches sur l'histoire de la Macédoine. Je n'ai pas tout à fait menti.»

Alexandros était bien décidé à consulter les registres du gouverneur afin de connaître la surface exacte du terrain qui lui appartenait. Il marcha d'un pas décidé vers le cimetière. Le soleil brûlait maintenant les herbes rares et les maigres bosquets qui l'entouraient.

Quelques minces cyprès résistaient à la brise salée venant de la mer et aux impitoyables rayons de la mi-journée, gardant leur verdeur et leur aspect rigide. De grosses pierres anguleuses rendaient la marche difficile avec de simples sandales.

Alexandros suivit les allées où étaient alignés des enclos grecs contenant les tombes des membres de chaque famille et celles de leurs esclaves. Chaque enclos était ceint de talus. Une plaque de marbre dressée, une stèle ornée de bas-reliefs ou un édicule à frontons indiquaient le nom des défunts, l'année de leur naissance et celle de leur mort. Des lécythes et des loutrophores en marbre surmontaient les sépultures des célibataires. Les esclaves n'avaient que de simples cippes ronds qui portaient leur nom. Des animaux étaient représentés sur de hauts piédestaux ou aux angles des enclos. Il s'agissait le plus souvent de taureaux, de lions, de chiens, de sphinx ou de sirènes. Les bas-reliefs figuraient des scènes de la vie quotidienne.

Au début, Alexandros s'arrêta sur chaque nom en tentant d'imaginer, d'après le nombre de cippes, quel avait été le niveau de vie du défunt, puis il finit par ne regarder que les noms dans l'espoir d'y trouver le sien. Il allait renoncer quand il décida de longer aussi les édifices qui surmontaient les caveaux égyptiens murés, au fond du cimetière.

Une dizaine d'enclos grecs se trouvaient au bout de cette allée, tous plus magnifiques les uns que les autres. Ils rivalisaient de marbre, d'or et d'argent. Chaque stèle retraçait la vie de la famille, ses activités.

Alexandros se demanda pourquoi ces tombes avaient été reléguées si loin, au bout du cimetière, comme si l'on avait voulu les dissimuler au regard. Sans doute était-ce pour éviter les pillages. Soudain, il demeura stupéfait. Devant lui était érigée la plus luxueuse des tombes. Ses inscriptions brillaient de l'or le plus pur. Des vases en marbre la surmontaient. En haut de la stèle était écrit le nom de sa mère : *Héléna Agathos*. A côté, avait été édifée une autre stèle pour *les enfants d'Agathos*.

Alexandros sursauta. Une main, glacée malgré la chaleur, s'était posée sur son épaule. Il se retourna, hébété.

– Il ne faut pas rester là, dit un homme qui paraissait garder le cimetière.

– Je croyais qu'il n'y avait personne… lui dit Alexandros. Je suis venu sur la tombe de mes parents, les Agathos.

– En ce cas… Je suis payé pour protéger ces tombeaux des pillards…

– Payé ? Mais par qui ?

– Par le gouverneur.

– Vous entretenez aussi les tombes ?

– Non. Je ne fais que surveiller.

– Voilà plus de vingt ans que je ne suis pas venu à Alexandrie et l'enclos de ma famille est le mieux entretenu. Savez-vous qui en prend soin ?

Le gardien hocha la tête.

– Non. Pas du tout. Et je ne dois ni poser de questions ni y répondre.

Alexandros lut l'inscription qui ornait la stèle de sa mère. Elle avait vécu, indiquait celle-ci, sur une terre où l'on pouvait chasser et capturer du gibier. Elle avait fait élever un autel et un temple à Artémis. Elle surveillait l'élevage de ses porcs, de ses bœufs, de ses chèvres et de ses chevaux. Son domaine était entouré d'un verger qui donnait d'excellents fruits.

– Un domaine… s'exclama Alexandros. C'est bien ce que je pensais. Mon père était très riche. Kruptos ne m'a pas menti. Mais où est donc la tombe de mon père ?

Alexandros regarda plus attentivement l'enclos sans trouver trace d'une stèle évoquant son père.

– Qu'est-ce que cela signifie ? dit-il tout haut. Je ne comprends pas. Mon père a été tué en même temps que ma mère. Sa tombe devrait donc se trouver ici. Sans doute a-t-il été enterré dans la même tombe que mère. J'aurais bien voulu lire ce que l'on aurait pu écrire sur sa stèle. Décidément, bien qu'illustre, mon père semble avoir eu une vie des plus mystérieuses. Il va me falloir chercher. Je sais maintenant que mère est morte à l'âge de vingt-quatre ans et qu'elle était l'épouse d'un haut fonctionnaire âgé de soixante-trois ans. Tous ceux qui l'ont connu s'accordent à dire que mon père était le meilleur homme qui fût. A en juger par la bonté de Kruptos, je suis persuadé que son frère était également juste, droit et charitable.

Alexandros relut le début du texte gravé sur la stèle érigée en l'honneur de sa mère :

HÉLÉNA AGATHOS, FEMME D'AGATHOS,
ÉKLOGISTE AUPRÈS DU DIOÉCÈTE.

Il se retourna vers le gardien qui ne bougeait pas.

– Vous ne pouvez me donner de renseignements sur ces tombes, lui dit Alexandros. Mais vous pouvez me dire quelle est à Alexandrie la fonction exacte de l'éklogiste ?

Le gardien hésita.

– N'importe qui me répondra, insista Alexandros. Je vous pose là une question d'ordre général.

– L'éklogiste est le grand comptable de la ville. Il est chargé de la vérification des comptes. Il travaille au côté du dioécète.

– Et le dioécète est l'homme le plus important après le roi…

– Il administre le royaume. Son bureau enregistre les pétitions, les demandes et les plaintes venant des divers nomes[1] qui ont leur siège dans les principales villes des provinces.

– J'imagine que l'éklogiste a de nombreux comptables sous ses ordres.

– Certes.

Comme le gardien ne semblait guère disposé à en révéler davantage, Alexandros jugea préférable de se retirer après avoir admiré une fois encore l'enclos qui rayonnait d'éclat sous le soleil de midi. Le marbre scintillait ; les turquoises s'animaient ; les ors vibraient, chauds et riches. Les stèles étaient si propres, si blanches et si neuves qu'Alexandros quitta le cimetière aussi surpris qu'ému.

1. Régions de la vallée du Nil.

6

Alexandros reprit plus tard que prévu le chemin de la bibliothèque. Il mit aussi plus longtemps qu'il ne le pensait pour trouver un char à deux roues qui pût le conduire là où l'attendait Sethnacht.

– Je commençais à m'inquiéter, s'écria l'Égyptien. On m'a dit que vous étiez parti à l'aube sans même avoir mangé une galette ou quelques olives. Personne n'a pu me dire dans quelle direction vous étiez allé…

– En fait, j'ai eu bien du mal à trouver un char. Je m'étais éloigné du centre et il m'a fallu marcher près d'une heure avant de rencontrer un conducteur de char. C'est un éphèbe qui m'a conduit jusqu'ici. Il a eu le temps de me raconter ses malheurs. Il m'a dit être amoureux d'une Égyptienne et, bien qu'il fût majeur et en âge d'entrer dans un dème, j'ai cru comprendre qu'il n'avait pas le droit de l'épouser.

– Nos rois n'apprécient guère, en effet, les mariages entre citoyens grecs et indigènes.

Alexandros s'en étonna et s'inquiéta aussitôt de leur rendez-vous avec le gouverneur.

– Il doit nous attendre, dit-il à Sethnacht.

– Probablement. Mais nous sommes encore dans les temps !

Avant de rencontrer le dioécète, Alexandros tenait à en savoir plus sur son compte. Il apprit ainsi que le bras droit du roi venait comme lui de Macédoine, à l'instar de l'ensemble des hauts fonctionnaires du pouvoir central et local.

– Ce n'est pas mon cas, lui dit Sethnacht l'Égyptien avec malice, ni celui de la plupart des savants que le roi reçoit à Alexandrie. Vous aurez probablement l'occasion de rencontrer demain à la bibliothèque les architectes grecs Clépon et Théodoros qui aménagent le nome Arsinoïte. Ne craignez rien. Tous les hommes que vous rencontrerez à la Cour parleront grec. Si vous avez besoin de consulter des documents rédigés en égyptien, ceux-ci seront toujours accompagnés d'une note ou d'un résumé en grec. Même les contrats sont enregistrés dans un bureau grec.

« Voilà qui m'aidera sans doute dans mes recherches concernant le domaine de mon père », se dit Alexandros.

– Tous les Égyptiens n'acceptent pas la mainmise des Grecs sur les plus hautes charges de l'État. Peut-être sentirez-vous, pendant votre séjour ici, quelque hostilité de la part des indigènes. Ne vous en formalisez pas. Nous sommes peu à reconnaître que les mercenaires demeurent insuffisants en nombre pour constituer en Égypte, sans les Grecs, une armée régulière.

Alexandros s'étonna de sa facilité à accepter une société où les Égyptiens n'avaient guère l'occasion de briller.

– Bien que le roi soit généreux et qu'il attribue volontiers la concession d'un domaine aux mercenaires, qui peuvent même figurer dans sa garde royale, poursuivit Sethnacht, que feraient les Égyptiens sans la contribution des Thraces, des Galates, des Mysiens, des Lyciens et des Libyens mais surtout des Grecs ? La Crète, le Péloponnèse, Cyrène, la Macédoine ont donné les meilleurs chefs de nos hipparchies et de nos chiliarchies[1] et les plus grands peltastes[2]. Autant le reconnaître !

Après une rapide toilette, le Macédonien se rendit au palais avec Sethnacht. Sa nervosité lui fit oublier les splendeurs de la maison du roi. Les richesses s'étalaient pourtant devant lui à profusion. Il eut l'impression de se retrouver dans une forteresse bien gardée et dans une Cour essentiellement grecque : les courtisans étaient vêtus de simples tuniques en étoffe souple, laissant paraître les mouvements de

---

1. Divisions militaires.
2. Fantassin léger armé de la *pelta*, petit bouclier d'osier ou de bois.

leurs corps. Elles tombaient en plis harmonieux sur leurs chevilles.

A l'entrée du palais se tenait la statue du souverain Ptolémée en costume militaire, tenue que le roi portait lors des cérémonies officielles. Sa tête était coiffée d'un chapeau à larges bords, le ***kausia***. Le pharaon portait une chlamyde et de grandes bottes lacées. Les pans de la couronne royale, un simple ruban surmonté d'un diadème, retombaient librement derrière sa tête. Ses cheveux étaient rasés comme l'étaient ceux de tous les courtisans.

Sethnacht et Alexandros croisèrent dans les couloirs le grand veneur, le grand sénéchal, le grand médecin et deux échansons. Alexandros fut impressionné par le nombre de valets, de portiers et de balayeurs qui étaient au service du roi. Décidément, tout lui rappelait son pays, même l'architecture du palais aux colonnades ioniennes et corinthiennes. Seules les peintures murales, sur fond rouge, lui paraissaient d'origine étrangère, mais il y retrouvait les sphinx chers aux Grecs, que l'art hellénique avait empruntés à l'art égyptien.

A la cour, tout le monde parlait naturellement grec et les dieux les plus vénérés semblaient être Héraclès et Dionysos.

– Ptolémée affirme qu'il descend d'Héraclès et de Déjanire, lui dit Sethnacht en suivant son regard. Tous ces bustes représentent le dieu de la Force. Mais les prêtres égyptiens continuent à tracer sur les temples des hiéroglyphes affirmant que le roi d'Égypte est le fils de Rê, le dieu Soleil !

Alexandros rit de bon cœur.

– Et qu'en pense Ptolémée ?

– Oh ! murmura Sethnacht, il se montre satisfait que ses sujets lui rendent hommage dans les formes indigènes. Les prêtres égyptiens sont bien accueillis à la Cour. C'est que… Ptolémée ne connaît pas l'égyptien !

Alexandros ne trouvait rien de choquant à ce que le fils de Ptolémée Sôtêr, le « dieu sauveur », lui-même fils du Macédonien Lagos, ne parlât que grec. Après tout, Ptolémée Sôtêr, satrape d'Égypte mis en place par Alexandre le Grand, était devenu un peu par hasard le maître de l'Égypte à la mort d'Alexandre. Pharaon grec, il avait constitué une dynastie plus grecque qu'égyptienne.

– Cela vous intrigue, dit Sethnacht à Alexandros qui demeurait silencieux.

– Non, pas vraiment, lui répondit aimablement Alexandros. Puisque Ptolémée est né dans l'île de Cos et qu'il a passé son enfance auprès de sa mère Bérénice, loin d'Égypte, il est naturel qu'il parle grec.

– Vous en savez long sur notre maître, reconnut Sethnacht. Mais en apprenant quelle éducation désastreuse il recevait, son père l'a immédiatement fait venir à Alexandrie.

– Je sais tout cela. N'oubliez pas que j'étudie l'histoire de mon pays.

Alexandros avait aussi entendu dire que Ptolémée avait gardé un tempérament capricieux, égoïste et faible, et que sa paresse et sa corpulence le rendaient hostile à tout exercice physique, malgré l'enseignement qu'il avait reçu du philosophe Straton de Lampsaque et de l'écrivain Philétas de Cos.

Le Macédonien le croyait aussi vaniteux que soucieux de plaire à son peuple car il avait récemment lu un récit de Callixène de Rhodes relatant la grande fête que Ptolémée avait donnée pour célébrer son accession au trône et son deuxième mariage. Mais il le pensait aussi assez stupide pour être tombé dans le piège que lui avait autrefois tendu sa sœur Arsinoé II, veuve de Lysimaque et de Ptolémée Ceraunus, qui souhaitait devenir reine d'Égypte. Il était en effet persuadé que l'ambitieuse Arsinoé II avait fait accuser la jeune reine Arsinoé Ire, fille de Lysimaque et première épouse de Ptolémée, d'attentat contre la vie du roi et que celle-ci avait été exilée à Coptos, en Haute-Égypte, à cause d'elle.

Alexandros avait également appris que la cruelle Arsinoé avait fait supprimer certains membres de la famille royale. Il en frémit d'horreur.

– Je vous vois songeur, lui dit Sethnacht en interrompant le cours de ses pensées. Nous voilà arrivés. Derrière cette porte se trouve le bureau du dioécète.

– Je pensais tout simplement qu'il était difficile de gouverner sans connaître la langue de ses sujets.

– Et pourtant ! La Cour suit le roi en tout lieu. Il ne connaît donc pas de problème de langue. Quant au peuple il est satisfait. Pendant son règne, la reine Arsinoé s'est abstenue de toute dépense inutile. Elle a fait réorganiser l'armée, augmenter la flotte, étendre les frontières. Des statues l'ont glorifiée en tout lieu. De nombreuses monnaies portent son effigie. Elle a été divinisée... Le peuple est bien malheureux depuis que son âme a rejoint le séjour des morts.

Sethnacht s'interrompit car Apollônios venait d'ouvrir la porte de son bureau. Le dioécète se distinguait des autres courtisans par le luxe de l'étoffe en pourpre de Tyr qu'il portait et dont la finesse des broderies indiquait, s'il en était besoin, qu'il était un grand personnage du palais. Alexandros fut immédiatement conquis par son amabilité.

– Alexandros Agathos ? dit Apollônios de Pella en lui serrant chaleureusement les mains et en l'invitant à s'asseoir dans son bureau. Je suis heureux de vous recevoir à Alexandrie. D'abord parce que notre ville est devenue un carrefour du monde où l'on rencontre les plus grands philosophes, écrivains et savants, et vous ne dépareillerez pas dans ce tableau, mais aussi parce que je connaissais bien votre père. Il a travaillé à mes côtés.

Alexandros se montra surpris.

– Je savais qu'il travaillait auprès du dioécète, mais j'ignorais que vous remplissiez déjà cette fonction...

– Eh ! oui, cela vous étonne, lui répondit Apollônios en souriant.

Alexandros crut bon de lui expliquer qu'il s'était rendu le jour même dans l'ancienne propriété de son père.

– J'ai été étonné de voir les tombes de ma famille si bien entretenues, lui confia-t-il.

– Il est normal que l'État se préoccupe de ses hauts fonctionnaires, même lorsque leur âme s'est séparée de leur corps pour l'éternité.

Alexandros l'approuva.

– Mon souhait le plus cher est de rebâtir le domaine de mon père, de lui rendre sa splendeur passée, lui dit-il.

Une ombre passa dans les yeux d'Apollônios qui fit mine de s'en réjouir.

– Votre séjour pourrait être plus long que prévu…

– Je ne sais encore, lui répondit Alexandros. Pouvez-vous me renseigner sur les terres que possédait mon père ?

Apollônios hésita avant de répondre.

– Le roi lui avait concédé une parcelle du domaine royal, charge à lui de l'entretenir et de la planter. En échange de quoi votre famille bénéficiait de l'immunité fiscale. En outre, votre père avait acheté aux enchères une terre à céréales. Quoi de plus naturel ? Agathos était un ancien officier et le roi a coutume de donner aux chefs militaires des tenures à cultiver.

– Connaissez-vous l'étendue de ce domaine ?

– Il faudra vérifier. Je demanderai à un scribe de vous aider. Mais je ne crois pas me tromper de beaucoup en avançant le chiffre de cinq cents aroures.

Alexandros siffla entre ses dents.

– Une belle superficie !

– Oui. Et il serait normal que ce domaine vous revienne. C'est la raison pour laquelle j'ai estimé que vous deviez être traité à l'égal des clérouques et que vous aviez le droit de résider dans l'une des maisons de nos sujets. Sethnacht est le plus fidèle. Son souhait le plus cher est de devenir grec. Il s'appellera bientôt Sethnacht Bios. Vous êtes bien tombé.

– C'est vrai, s'empressa de répondre Alexandros en le remerciant et en tournant son regard vers Sethnacht qui assistait à leur entretien.

– Toutefois, si vous souhaitez succéder à votre père, ajouta Apollônios, le roi devra donner son accord et il vous faudra accepter d'entrer dans notre armée en cas de conflit. Quand votre père est mort, son cléros a été placé sous séquestre mais, faute de pouvoir examiner les droits de son seul fils vivant, aucun engagement n'a été rendu. Après le drame, personne ne voulait habiter cette terre. Les Égyptiens la considèrent aujourd'hui comme maudite par Zeus Olympios.

– Je m'en suis rendu compte.

– Ce domaine est donc inexploitable. C'est pourquoi, si vous, Alexandros, revendiquez la succession et souhaitez avoir une descendance, il vous sera donné en plus une cinquantaine d'aroures.

Comme Alexandros faisait un signe pour le remercier, Apollônios l'arrêta.

– Tout cela n'est rien. Sachez, Alexandros, que le roi avait décidé de donner à votre père un très vaste domaine de près de dix mille aroures, ce qui n'était pas sans soulever des jalousies parmi les fonctionnaires. Ses terres situées, comme les miennes, dans le Fayoum auraient couvert un domaine immense. Votre père aurait possédé plusieurs villages et aurait reçu du roi tous les pouvoirs administratifs.

– En êtes-vous sûr ? s'étonna le Macédonien.

– Absolument. Agathos avait même fait établir des plans et des devis pour l'aménagement de canaux et de digues car il lui aurait fallu défricher et irriguer dix mille aroures de terres désertiques, ce qui n'est pas rien ! Je sais aussi que votre père souhaitait, comme moi, diriger des entreprises commerciales. Aussi avait-il l'intention de se faire construire une flotte et d'entretenir des relations suivies avec les Syriens et l'Asie Mineure. Il avait déjà recruté de nombreux Grecs pour gérer le domaine et le bruit a couru qu'il avait été assassiné par l'un d'eux. Il est vrai que, dans cette foule de domestiques, de cultivateurs et d'ouvriers, figurent souvent bon nombre d'intrigants. Je suis bien placé pour le savoir !

– Ce domaine serait probablement resté une possession royale…

– Bien sûr. Et il ne serait plus dans les mains des Agathos. Au lieu de quoi, le cléros de votre père, plus modeste, vous revient aujourd'hui et vous pouvez le réaménager.

– Et demander des prêts pour l'agrandir.

Alexandros sentait pourtant que cette perspective contrariait Apollônios qui s'évertuait à masquer ses sentiments. Le dioécète fit signe à Sethnacht et à ses deux intendants, Zénon de Caunos et Panacestôr de Calynda, de s'éloigner.

– Je ne saurais trop vous déconseiller de rester à Alexandrie, lui dit-il sur le ton de la confidence. Un Grec peut, certes, se laisser facilement séduire par les avantages qu'Alexandrie lui offre : il n'est soumis ni aux corvées ni à l'impôt. Il est aussi bien traité qu'un Juif même si, ces derniers temps, quelques frictions ont opposé les Juifs au roi qui souhaite assimiler leur dieu à Dionysos. Mais il vous faudra appartenir à un *politeumata*[1] hellénique. Là encore vous avez de la chance, car les groupes de Macédoniens sont mieux considérés que les communautés de Crétois, de Béotiens, d'Achéens, de Thraces, de Mysiens, de Perses ou même d'Iduméens.

– J'imagine que ces politeumata sont placés sous l'autorité de magistrats et de prêtres et que leur siège est fixé dans une localité précise.

– C'est exact. Ils sont même mieux organisés que les communautés juives qui ont leur sanhédrin, leur génarque et leur ethnarque.

– Alors, je ne vois aucun inconvénient à m'installer ici pendant quelque temps. Alexandrie a tous les traits d'une cité grecque : une assemblée du peuple, des magistrats, un sénat et une assemblée des Anciens.

– Sachez aussi que tout habitant de l'Égypte doit se conformer aux règles du pays. Son statut est soigneusement défini et enregistré.

– Quoi de plus normal ? Je saurai même me rendre populaire en créant ici un gymnase et une palestre. J'embaucherai un cosmète et un gymnasiarque.

Apollônios le regarda attentivement.

– Cela reviendra très cher. Tous les gymnases dépendent d'un politeumata et sont placés sous la

1 Communauté.

surveillance de l'État. Il en est de ces établissements comme des ateliers de tissage ou des sanctuaires élevés par des particuliers. On ne peut les élever ni les démolir sans la permission royale. Je tiens là une lettre d'un dévot qui a été guéri par les dieux et qui se dit frappé de visions. Il me prie de l'aider à fonder un sanctuaire de Sérapis au bord de la mer. Je doute d'y parvenir.

– Mais j'ai les moyens de faire construire le plus grand des gymnases de la ville et je vois mal le roi refuser un tel projet.

– Les moyens ?

– Oui, répondit Alexandros.

– Je crois que vous n'avez pas très bien compris. Les Égyptiens n'acceptent guère le fait que les Grecs reçoivent les meilleurs champs et accèdent aux plus hautes fonctions. Ils n'hésitent pas à se rebeller. Et s'ils mettent le feu à votre domaine, s'ils entravent le déroulement des travaux que vous envisagez…

– Nous n'en sommes pas là, répondit calmement Alexandros.

– Les Égyptiens éprouvent beaucoup de difficultés à côtoyer les Grecs dans la vie quotidienne. Ils refusent les coutumes helléniques. Leur religion…

– Elle m'a paru tout à fait assimilée à la nôtre. Des cultes populaires communs aux deux peuples n'ont-ils pas permis un rapprochement de tous les sujets du roi ?

Comme si les statues du palais elles-mêmes étaient prêtes à faire mentir Apollônios, Alexandros contempla celles qui l'encadraient : l'une représentait Sérapis qui tenait à la fois de Dionysos et d'Esculape, le dieu guérisseur ; l'autre figurait Amon-Rê-Sonther de Thèbes-Diospolis assimilé à Zeus.

Sérapis frappa également Alexandros par sa ressemblance avec Zeus et Platon. Le dieu était coiffé de la corbeille sacrée des mystères. A côté de lui se tenait un cerbère tricéphale. Derrière, un peu en retrait, Isis et Horus enfant constituaient la triade divine la plus vénérée par les Alexandrins.

Apollônios suivit le regard du jeune Macédonien.

– Vous comprendrez ce que je veux dire en habitant ici, lui dit-il en devinant ses pensées. Certains jeunes Grecs sont nés à Alexandrie. Bien qu'ils lisent et écrivent le grec, qu'ils ont appris dans Homère, ils l'écrivent de plus en plus incorrectement. Les lettres, les ordonnances, les circulaires sont rédigées par des fonctionnaires grecs nés à Alexandrie...

– Je comprends ce que vous voulez dire. Je crains même de trop bien comprendre.

Les joues d'Apollônios rosirent.

– Eh bien ! Je ne peux que vous souhaiter un excellent séjour parmi nous...

Alexandros exprima un sourire en coin et prit congé du dioécète avec l'étrange conviction que celui-ci lui cachait quelque chose.

7

Alexandros avait passé le lendemain de sa visite à Apollônios à parcourir la ville afin de mieux en connaître la configuration. Il avait suivi la Voie canonique sur toute sa longueur en empruntant de nombreuses rues perpendiculaires. Il était retourné sur le promontoire de Lochias, à l'est de la ville, où avait été construit le palais royal, s'était rendu à l'hippodrome, au théâtre et au gymnase principal.

Le tombeau d'Alexandre, situé à l'intersection des deux artères principales de la cité, la Voie canonique et l'Argens, l'avait impressionné. Les Égyptiens l'appelaient le Sema.

Autour de la cité dont les voyageurs disaient qu'elle évoquait la forme d'une chlamyde, le petit port de Canope, situé à l'embouchure du Nil et consacré à Isis par les Égyptiens, était un lieu de plaisance pour les Grecs. Ils y retrouvaient en effet le souvenir du héros Ménélas qui avait accosté en ce lieu en rentrant de Troie et qui avait vu là Canope, son pilote, mourir d'une morsure de serpent.

Deux jours après l'arrivée d'Alexandros dans la capitale, tous les Alexandrins savaient que le fils d'Agathos était revenu, comme si ce retour constituait un événement d'importance.

Le jeune Macédonien se sentait constamment observé et montré du doigt. Il n'eût pas éprouvé une sensation différente s'il avait commis un crime ou un délit. Cette hostilité à son égard ne cessait de l'étonner. Cependant, chaque fois qu'il tentait d'en savoir davantage en interrogeant un indigène, celui-ci se dérobait en affirmant qu'il n'avait jamais entendu parler d'Agathos. Il songea même à questionner de nouveau l'ancienne employée de son père qui était devenue magicienne dans le beau quartier des juifs, mais il jugea plus judicieux de consulter d'abord les archives de la bibliothèque et du palais.

Afin de mener à bien les recherches qui l'avaient officiellement conduit à Alexandrie et par la même occasion de lever le voile sur l'étrange destinée de sa famille, Alexandros se rendit de très bonne heure à la bibliothèque. Comme Sethnacht lui avait proposé de l'accompagner et de le guider, le Macédonien avait courtoisement décliné son offre. Il voulait être seul pour consulter à loisir tout document susceptible de l'intéresser, non que Sethnacht ne lui fût pas d'un naturel sympathique, mais il commençait à se méfier de tous ceux qui l'approchaient et tentaient de connaître ses desseins.

Plus un Alexandrin recherchait son amitié, voire sa complicité, plus Alexandros s'interrogeait sur ses intentions. Que lui cachait-on ? Sa venue, apparemment appréciée par le roi lui-même, semblait maintenant indisposer quantité d'Alexandrins. Était-ce son désir de demeurer dans la ville plus longtemps que prévu qui contrariait tant de hauts fonctionnaires ? Les Macédoniens étaient d'ordinaire si bien accueillis à Alexandrie que cette hostilité ne pouvait être liée à son origine. Pourquoi Alexandros ressentait-il un tel malaise ?

Le Macédonien trouva non sans peine le chemin de la bibliothèque qui était partie intégrante du palais royal. Il fallait, en effet, traverser nombre de pièces et de couloirs pour y parvenir. Il pénétra dans le palais royal avec plus d'émotion que la première fois car il avait appris qu'il n'était pas donné au premier venu d'y être accueilli par le dioécète ou le directeur de la bibliothèque.

Le public devait attendre les fêtes d'Adonis pour être admis dans certains parcs du quartier du palais qui occupait à lui seul un bon quart de la superficie d'Alexandrie.

Son émotion se mêlait à l'espoir de faire enfin des découvertes sur sa famille et à la joie de travailler dans une bibliothèque connue du monde entier, qui n'avait de rivale que celle de Pergame.

A l'entrée de la bibliothèque se trouvaient les précieuses collections de livres appartenant au roi. L'écrivain qui les classait lui sembla être un familier de la bibliothèque. Aussi s'adressa-t-il spontanément à lui.

– Je vais vous conduire auprès de Zénodote, le directeur de la bibliothèque, lui dit-il. Il est tellement difficile de se retrouver dans ce dédale de rouleaux !

Alexandros avait eu le temps de voir les rouleaux que triait l'écrivain.

– Il s'agit de recueils de livres sur la royauté et l'exercice du commandement que Démétrius avait recommandés à Ptolémée Sôtêr de constituer et de lire. Sans Démétrius, cette bibliothèque ne serait sans doute pas aussi riche, bien qu'il nous manque encore l'essentiel : les principaux écrits d'Aristote.

– Démétrius était pourtant l'élève d'Aristote ! rétorqua Alexandros en le suivant dans les allées.

– Voilà bien l'ironie du sort ! Et Ptolémée ne supporte pas que Théophraste ait légué ces ouvrages à Nélée de Scepsis. Il s'agissait de livres que le maître avait élaborés peu à peu avec la participation de ses élèves. Ces exemplaires sont uniques et destinés à l'usage du Lycée[1].

– Nélée n'a pourtant pas dirigé l'école d'Aristote…

– Non ! Ce fut Straton, un ancien précepteur de Ptolémée. Et malgré son influence, celui-ci ne put récupérer les fameux ouvrages. C'est un appauvrissement pour la bibliothèque.

1. L'école d'Aristote.

– Mais on connaît les pensées du maître ! Théophraste lui-même les a paraphrasées.

– Il n'en a été tiré qu'un affreux mélange prétentieux et vague. Ni l'argent ni les honneurs n'ont pu convaincre Nélée de céder ses traités. Il s'est même ouvertement moqué du roi en donnant à ses envoyés quelques livres sans importance ainsi que les ouvrages qui avaient appartenu à Aristote. « Appartenu à Aristote » mais pas « écrit par Aristote ». Et j'ai récemment découvert la supercherie. Regardez... Ils sont rangés ici et enregistrés dans le catalogue de la bibliothèque sous l'intitulé « sous le règne de Ptolémée Philadelphe, les livres d'Aristote et de Théophraste achetés à Nélée de Scepsis ». Belle escroquerie !

L'écrivain paraissait encore contrarié par la supercherie de Nélée. Sans doute le roi avait-il lui-même été furieux de voir l'attitude de l'ancien élève d'Aristote.

– Je m'appelle Aristobule, élève d'Aristée, dit-il à Alexandros. Aristée a fait traduire la Bible dans cette ville par soixante-douze savants juifs et du même coup fait libérer cent mille juifs prisonniers. Sur mon conseil, Ptolémée a favorisé au théâtre la mise en scène de l'histoire de Moïse. Et voilà Zénodote, notre grand bibliothécaire, auteur d'un long poème sur Jason et Médée.

Le bibliothécaire donnait précisément ses ordres au poète Callimaque, chargé de l'élaboration des *Catalogues* de la bibliothèque. Celui-ci ne paraissait guère apprécier d'être ainsi dirigé.

– Ah ! Je vous attendais ! s'exclama Zénodote en

faisant les présentations. Callimaque et moi allons vous montrer où se trouvent les *Catalogues* et comment on les consulte. Nous commençons à nous y retrouver, mais la tâche est si vaste ! Le roi nous a en effet donné l'ordre de rassembler à Alexandrie les livres de tous les peuples de la terre ! Il passe lui-même les rouleaux en revue. Je le mets au courant des chiffres. Le roi a adressé des messages à tous les souverains de la terre pour qu'on lui envoie les œuvres de tous les écrivains et savants. Tous les livres qui se trouvent à bord des navires faisant escale à Alexandrie sont copiés. On en garde l'original et l'on donne une copie au propriétaire. Si vous en possédez vous-même, n'hésitez pas à nous les confier.

Alexandros promit de le faire.

– Le roi est très heureux que vous soyez parmi nous. Écrire l'histoire de la Grèce est une tâche ardue.

– Je m'y consacre ardemment.

– Le roi tient à ce que vous écriviez ce que vous savez. Un scribe sera mis à votre disposition… Venez ! Quand vous connaîtrez nos méthodes, je suis sûr que vous serez convaincu du bien-fondé d'un tel travail.

– Certainement… murmura le Macédonien.

– Avant tout, il me faut informer le roi de votre présence parmi nous. Si je ne le faisais pas, il ne me le pardonnerait pas.

Le bibliothécaire fit signe à un scribe de prendre en note ce qu'il dictait.

« *Zénodote au grand roi.*

Conformément à ton ordre d'ajouter aux collections de la bibliothèque, afin de la compléter, les livres qui manquent encore, et de restaurer convenablement ceux qui sont défectueux, j'ai consacré à cela beaucoup de soin et je t'en fais maintenant un compte rendu. Alexandros Agathos arrive aujourd'hui de Macédoine pour travailler dans notre bibliothèque afin de parachever ses recherches sur l'histoire de la Grèce. Il fera ainsi profiter tous les Alexandrins et les savants de ce monde des fruits de ses travaux. »

Pendant qu'il dictait sur un ton ferme et autoritaire, Alexandros observait sa petite taille, son apparence fluette et son port de tête altier. Zénodote lui avait paru d'emblée très fier de sa personne.

– Ajoute la formule habituelle, lança-t-il un peu dédaigneusement au scribe.

Puis il entraîna Alexandros dans les allées de la bibliothèque.

– Voici les *Histoires d'Égypte* d'Hécatée d'Abdère, fort éloquentes sur l'histoire des Juifs. Un *diaskeouastés*[1] zélé est préposé à la traduction des ouvrages écrits en hébreu. Il s'est même rendu à Jérusalem pour en rapporter les meilleurs traducteurs. Voilà les *Histoires égyptiennes* de Manéthon, les *Phénomènes* d'Aratius, mes propres notes et voilà les mémoires contenant les *Catalogues* de Callimaque. Deux cent mille rouleaux y sont déjà

1. Fonctionnaire chargé des textes.

répertoriés par genre. Ah ! Encore une chose... Le roi tient absolument à ce que les savants qui travaillent ici reçoivent des appointements et bénéficient de repas gratuits.

Alexandros le remercia et poursuivit la visite avec Callimaque. Tous deux n'étaient entourés que de Grecs laborieux qui classaient, recopiaient, annotaient, commentaient.

– Mon catalogue ne représente qu'un choix des meilleurs auteurs, lui expliqua Callimaque. Si vous souhaitez en connaître davantage sur un sujet, il vous faudra regarder dans les rayons. Une seule réserve : certains textes figurant sous le nom d'Aristote sont sans doute des faux. Le roi en est très contrarié car il souhaitait rassembler tout Aristote pour rivaliser avec le roi de Libye qui collectionne les œuvres de Pythagore. Je me demande pourquoi Aristote...

Callimaque poussa un soupir signifiant qu'il n'appréciait guère le philosophe des *Traités.*

– Autant que vous connaissiez la règle du jeu : évitez de critiquer les choix du roi. Certains ont été condamnés à mort pour avoir médit d'Homère. Et pas un mot sur notre rivale, la bibliothèque de Pergame ! Le roi la surveille de près...

8

Alexandros allait découvrir bien d'autres curiosités au sein de la prestigieuse bibliothèque car des faussaires avaient pris l'habitude d'exploiter la rivalité qui opposait Ptolémée au roi de Libye. Ils offraient au roi des rouleaux de faux textes anciens remis en état ou des contrefaçons si bonnes que Zénodote les acceptait parfois de peur qu'elles ne fussent proposées à la bibliothèque de Pergame. Parfois, l'authentique était si habilement mêlé à l'apocryphe qu'il était difficile de faire la part du vrai et du faux.

Callimaque mettait tout son zèle à découvrir si la nouvelle *Philippique* de Démosthène qui avait été achetée par le roi de Libye était authentique, d'autant qu'elle était accompagnée d'une prétendue *Lettre de Philippe* adressée aux Athéniens. Convaincu que ce texte se trouvait dans les *Histoires philippiques* d'Anaximène de Lampsaque, Callimaque épluchait chaque livre l'un après l'autre, ce qui n'empêchait pas le roi de souhaiter l'acquérir. De même, Ptolémée conservait précieusement le texte *Sur l'Halonnèse*, de Démosthène, alors que Callimaque s'évertuait à lui faire savoir que son ami Hégésippe en était l'auteur.

La rivalité entre les deux bibliothèques s'était durcie depuis que l'Égypte avait décidé d'interrompre l'exportation de papyrus, privant ainsi la bibliothèque de Pergame du matériel d'écriture.

Alexandros comprit vite que les Pergaméniens étaient plus attachés à traduire les textes anciens qu'à mettre en lumière leur subtilité. Il poussa un profond soupir en contemplant les étagères placées contre les murs du musée mitoyen où s'étalaient des milliers de rouleaux de papyrus soigneusement étiquetés.

Dès qu'il eut repéré les thèmes qui l'intéressaient, il rechercha l'endroit où Callimaque les avait classés. Puis il s'aventura dans les rayons. Les ouvrages sur Alexandre le Grand étaient si nombreux qu'Alexandros n'eut que l'embarras du choix. Il tira un premier rouleau et s'assit à une table de travail. Ses recherches sur l'histoire de la Grèce s'étaient précisément arrêtées aux dernières conquêtes d'Alexandre.

Tandis qu'il prenait des notes, une jeune femme lui demanda la permission de s'asseoir à côté de lui. Il acquiesça dans un murmure sans lever la tête du manuscrit. Il avait étalé son matériel devant lui si bien que sa nouvelle voisine crut bon de pousser délicatement calames et rouleaux de papyrus vers lui.

– Oh ! Excusez-moi !

– Ce n'est rien, lui dit-elle en lui adressant un sourire.

Son visage clair, à l'ovale parfait, encadré d'une chevelure brune aux légers reflets roux plut d'emblée à Alexandros.

– Je suis la fille de Zénodote.

– Et moi, Alexandros Agathos.

– Je sais, lui répondit-elle avec malice. Ne vous dérangez pas pour moi. Je viens aider mon père.

Alexandros reprit sa lecture non sans jeter de fréquents regards vers sa compagne de travail. Bientôt, les textes qu'il lisait l'accaparèrent tout à fait.

« *A la mort d'Alexandre, Perdicas fut nommé gardien des enfants royaux mais il fut assassiné. Les descendants d'Alexandre furent tués à leur tour en Macédoine. Les satrapes devinrent souverains du territoire qu'ils gouvernaient. Ptolémée Sôtêr était le maître de l'Égypte.*

« *Fils adultérin de Philippe de Macédoine mais officiellement fils de Lagos, Ptolémée Sôtêr avait suivi son demi-frère Alexandre tout au long de sa carrière. Il était alors grand écuyer. Lorsque l'un des officiers supérieurs d'Alexandre manifesta le désir de s'installer en Égypte et d'en devenir le satrape, Ptolémée Sôtêr alla trouver Alexandre et lui réclama le gouvernement de ce pays au nom de leur affection.*

« Alexandre hésita longtemps car il appréciait aussi Agathos qui, malgré son jeune âge, faisait partie de sa garde royale et qui souhaitait s'installer à Alexandrie... »

Alexandros relut le passage une seconde fois. Se pouvait-il que son père eût été un brillant officier d'Alexandre le Grand et que son oncle le lui eût caché ?

Il se précipita vers d'autres manuscrits, les déroula avec impatience. Aucun autre écrit n'évoquait cette rivalité entre le premier Ptolémée et son père. Mais son imagination avait été éveillée. Que serait-il advenu si Alexandre avait autrefois choisi son père comme satrape à la place de Ptolémée ? Agathos aurait régné sur l'Égypte et lui-même serait peut-être aujourd'hui le roi de ce pays. Cette découverte avait-elle un lien avec l'assassinat de sa famille ?

La jeune femme s'amusait beaucoup de la fébrilité du Macédonien.

– Il est satisfaisant de constater que le travail de mon père n'est pas inutile, lui dit-elle pendant qu'il taillait son calame.

Sans lui répondre, Alexandros se hâta de copier tous les passages qui pouvaient lui être utiles, puis il se leva, rangea son matériel et la salua d'un vif signe de tête.

– A bientôt, lui dit-elle en riant.

Lorsqu'il rentra chez lui, Alexandros eut la désagréable surprise de lire plusieurs menaces sur la porte de sa chambre. Elles avaient été écrites en grec à la chaux et le traitaient d'« enfant de la mort ». Il en fut contrarié.

Un pli l'attendait. Le dioécète l'informait du retour du roi qui lui donnait l'autorisation de reconstruire la maison de son père et de réaménager le domaine.

Le dioécète insistait de nouveau sur la difficulté pour un « vrai Grec » de vivre à Alexandrie et lui conseillait de quitter la ville dès qu'il aurait achevé son travail.

« *Je vous écris cela par amitié pour votre père. Ne vous méprenez pas sur mes intentions* », précisait le dioécète.

« Est-il réellement mon allié ? » se demanda Alexandros en sortant relire sur la porte les menaces anonymes.

– Ne vous en formalisez pas, lui dit Sethnacht qui l'avait entendu rentrer. Ce cas est courant. Les Égyptiens se vengent parfois ainsi des avantages que le roi donne aux Grecs. Je ferai nettoyer la porte.

Une femme accompagnait Sethnacht. Elle était belle, mais son langage était direct et le ton de sa voix sec et déplaisant. Elle était vêtue à la grecque ; le haut de sa tunique découvrait la naissance de sa poitrine ; son goût de la provocation paraissait évident. D'élégants rubans ornaient ses cheveux nattés et relevés en chignon. La blancheur de sa peau faisait ressortir la noirceur de ses yeux soulignés de khôl et la rougeur de sa bouche.

En la voyant, Sethnacht soupira profondément.

– Je t'avais pourtant dit de ne pas mettre ce rouge sur tes lèvres. On dirait une hétaïre !

La femme le regarda et haussa les épaules sans répondre.

– C'est mon frère, dit-elle. Mais il se prend pour mon père. Notez qu'il a des excuses. Notre père s'est tellement mal occupé de nous !

Sethnacht manifesta de l'agacement.

– Cela n'intéresse pas Alexandros, Néferet !

– Mais je suis sûre que tout ce qui me concerne intéresse Alexandros ! Voyez-vous, notre père n'a songé toute sa vie qu'à accroître son domaine. Aujourd'hui, il possède un immense terrain planté d'oliviers. Depuis mon enfance, je n'entends parler que d'olives, d'huile et d'argent. Tous les athlètes défilent à la maison avec leur alabastre[1] avant de partir pour le gymnase ou la palestre. Qu'ils aient ou non les moyens de payer, mon père leur vend son huile au prix le plus haut et ma mère tient la comptabilité.

– Néferet ! hurla presque Sethnacht, indigné.

– Eh quoi ! n'ai-je pas raison ?

– Elle est toujours ainsi, dit-il à Alexandros, mal à l'aise, qui souhaitait prendre congé d'eux pour consulter les notes qu'il venait de prendre à la bibliothèque.

– Je n'aime pas que l'on m'ignore, ajouta Néferet. Je crois bien, Alexandros, que vous ne m'avez pas

1. Gourde d'huile.

encore regardée. Je ne devrais pourtant pas vous déplaire, je suis, paraît-il, très jolie.

Elle se mit à tourner autour de lui, puis elle le prit par le bras et l'entraîna à l'intérieur de l'appartement.

– Venez me rejoindre à cet endroit un soir. Vous connaîtrez ainsi la terre de mon père.

Elle lui remit un morceau de papyrus froissé.

– Le soir que vous voulez, murmura-t-elle en lui baisant la joue. Je vous attendrai. Je sais que vous viendrez.

– Peut-être... dit Alexandros en reprenant de l'assurance.

– Attention à elle, lui dit Sethnacht. Elle est redoutable !

Le frère et la sœur échangèrent alors un sourire complice dont le Macédonien ne sut que penser. Puis Néferet se baissa pour prendre le chat qui se frottait contre sa tunique en ronronnant.

– Ramsès est sicilien, dit-elle en l'embrassant. Il sème la terreur dans toutes les cours de ferme. C'est un vrai sauvage et si vous ne vous inclinez pas sur son passage, il est capable de vous mordre !

– Comme vous.

– Vous consentez enfin à me voir ! Vous trouvez que je lui ressemble ? Eh bien ! tant mieux. Ceux qui ronronnent contre moi ne le regrettent jamais.

9

Alexandros se rendit à la maison de son père sans tarder. Il retrouva les murs en ruine avec beaucoup d'émotion. Afin de pouvoir circuler à loisir dans la ville, il loua pour trente jours un char à deux roues qu'il conduisit lui-même. Il s'équipa également d'outils car son intention était de démolir lui-même les rares murs de la demeure qui restaient encore debout.

Quand il arriva sur les lieux, il eut la désagréable impression que d'aucuns s'y étaient installés. Un foyer avait été allumé. Des restes de viande avaient été abandonnés sous l'olivier.

« Il est temps que je reprenne tout cela en main, se dit-il à lui-même. Dès que j'aurai abattu ces murs, je choisirai le meilleur architecte d'Alexandrie. »

A l'aide du plan que lui avait fait parvenir le dioécète, Alexandros put contourner les limites de la propriété qui lui appartenait. Puis il saisit une énorme masse et se mit à la tâche. Il s'attaqua d'abord à la partie qui était la mieux conservée. Le mur ne résista pas longtemps aux coups redoublés du Macédonien qui frappa ainsi pendant des heures.

Le soleil descendait déjà vers l'occident quand il découvrit, caché sous une pierre, un petit coffre en ivoire merveilleusement travaillé. Sur les côtés étaient figurées les Muses avec leurs attributs et sur le couvercle Héraclès luttant contre le taureau de Knossos. Très intrigué par cette découverte, Alexandros ouvrit immédiatement le coffret et y découvrit des bijoux en or et des pierres précieuses qui rutilèrent au soleil.

– Ça alors ! C'est incroyable !

Il tourna entre ses doigts une agrafe de tunique en or et des pendentifs en argent et en lapis-lazuli qui représentaient des scarabées.

– Je me souviens de ces pendentifs. Ils appartenaient à ma mère. Lorsqu'elle se penchait vers moi, je craignais qu'ils ne me touchassent car j'imaginais qu'ils étaient vivants.

Il passa un à un les bijoux en revue, les contempla longtemps à la recherche d'un souvenir et les serra fortement dans sa main, heureux que les dieux facilitassent sa tâche. Au fond du coffret étaient roulés trois morceaux de papyrus attachés par des rubans de différentes couleurs.

Alexandros sauta du pan de mur sur lequel il était monté. Il s'assit à l'ombre de l'olivier et entreprit de lire attentivement le contenu de ces papyrus. Il déroula tout d'abord celui qui était lié par un ruban rouge et lut une reconnaissance de dettes signée Zénodote en faveur de son père, Agathos. Le bibliothécaire du roi devait donc une grosse somme d'argent à son père. Il s'était bien gardé de mettre Alexandros au courant !

Le deuxième rouleau était également une reconnaissance de dettes signée de la main d'un certain Iyi Tousert. Quant au troisième, il portait comme signature celle d'Apollônios Petros.

– Tout cela représente une somme d'argent considérable ! Ainsi donc voilà sans doute la raison pour laquelle mon père et ma famille ont été tués ! Mais lequel d'entre eux a pu mettre ce projet à exécution ? Se sont-ils acoquinés dans cette affaire crapuleuse ? Je jure de tuer l'assassin ou les assassins de mon père ! Avant tout, je dois apprendre à bien connaître ces trois personnages qui me doivent de l'argent.

Il entendit soudain un bruit provenant du mur qu'il avait commencé à abattre. En un rien de temps, il se leva et courut dans sa direction. Il eut vite fait de rattraper le mystérieux intrus.

– Encore toi ?

La magicienne qu'il avait rencontrée lors de sa première visite se mit à rougir.

– Que Pluton t'emporte ! Comment m'as-tu entendue ?

– Là n'est pas la question ! Que fais-tu ici ? Est-ce toi qui as allumé ce foyer ? Exerces-tu tes pratiques de sorcellerie en ces lieux ? L'odeur de la mort t'inspire-t-elle à ce point ? Je suis sûr que tu en sais plus que tu ne veux bien le dire. Que me caches-tu ? Pourquoi m'espionnes-tu ? Vas-tu parler ?

– Écoute, lui répondit la vieille. Je veux bien te faire un aveu, mais à une condition.

– Laquelle ?

– Que tu quittes Alexandrie dès que tu auras fini tes recherches en bibliothèque. Ne remue pas le passé ! Ne t'installe pas ici ! Le danger te guette.

Alexandros était sur le point de s'emporter quand il préféra une autre solution.

– Soit ! Je verrai…

– Promets !

– Oui. Oui… Je promets. Alors ?

– Je ne t'ai pas tout dit l'autre jour...

Comme la vieille hésitait, Alexandros, impatient, lui fit signe de parler.

– En fait, le jour du meurtre…

– Oui ?

– Quand je suis arrivée, une femme bougeait encore. En me voyant, elle a levé le bras vers le plus jeune des enfants qui s'était réfugié dans un coffre. Puis son bras est retombé. Elle était morte. Alors, j'ai soulevé le couvercle du coffre et…

– Tu m'as découvert.

– Oui. Tu tremblais et tu étais blessé. Tu ne comprenais pas ce qui venait de se passer et tu n'avais sans doute pas tout vu.

– Je me suis réfugié là parce que j'avais peur. Mais de quoi ? Je ne m'en souviens plus.

– Il y avait du sang partout. Je t'ai sorti du coffre

et t'ai emmené avec moi. Sur le chemin qui me conduisait au centre-ville, j'ai rencontré un homme chargé de la sécurité. Je lui ai raconté ce que j'avais vu et je t'ai confié à lui.

– Connais-tu un dénommé Iyi Tousert ?

– Oui, reconnut la vieille à contrecœur. Il possède une oliveraie, sans doute la plus vaste des environs d'Alexandrie.

– Une oliveraie, dis-tu ?

– Il est très riche. Pourquoi me poses-tu cette question ?

– N'a-t-il pas un fils du nom de Sethnacht ?

– C'est exact. Tu connais Sethnacht ? C'est un bon garçon. Il est bien meilleur que son père !

– Et sa sœur s'appelle Néferet ?...

– Celle-ci est une sorcière ! Mais, au fond, je crois qu'elle n'est pas si méchante qu'on le dit. Elle n'a guère eu de chance dans sa vie. Son père l'a toujours traitée durement et son mari était impitoyable. Il est mort l'année dernière.

– Maintenant, laisse-moi seul, lui dit Alexandros. J'ai besoin de réfléchir.

Le jeune Macédonien rapporta le coffret qu'il avait découvert dans la chambre qu'il habitait. Il le rangea précieusement et classa les reconnaissances de dettes dans l'ordre où il souhaitait enquêter.

– Si ces trois hommes sont complices du meurtre, je les tuerai l'un après l'autre et dans cet ordre-là ! Mais, auparavant, je veux les connaître, eux et leur famille.

Il défroissa le morceau de papyrus que lui avait donné Néferet et se promit d'aller la voir le soir même après avoir consulté les archives de la bibliothèque. Il se demandait pourquoi ces trois hommes avaient tous emprunté à son père. Quelle était leur situation vingt ans auparavant ? Comment de hauts fonctionnaires pouvaient-ils envisager le meurtre d'une famille entière ?

Il en vint à se persuader que telle était sans doute la raison pour laquelle l'enquête avait été bâclée et l'affaire étouffée. Si la justice d'Alexandrie refusait d'accomplir son travail, les dieux de la vengeance sauraient bien l'aider. Alexandros était déterminé à ne pas laisser cet assassinat impuni.

10

Alexandros eut un sommeil agité. Il se leva plusieurs fois pendant la nuit pour relire les documents qu'il venait de découvrir. Puis il se précipita dès l'aube à la bibliothèque du quartier Bruchion avec l'intention d'y passer la journée et d'y prendre ses repas comme le faisaient tous les autres savants invités par le roi qui, pour la plupart, logeaient dans un grand édifice attenant au palais. Ce serait pour lui l'occasion de découvrir la confrérie du culte des Muses dont ces savants élisaient le prêtre et dont le dioécète lui avait demandé de faire partie.

Grâce au classement de Callimaque, Alexandros avait très vite réussi à se repérer dans les rayons de la bibliothèque. Aussi ne jugea-t-il pas opportun de déranger le poète qui travaillait avec l'un de ses élèves. Il trouva rapidement le bon rayon : celui où étaient rangés lettres et commentaires. Il laissa de côté la correspondance d'Archimède et celle d'Euclide.

– Voyons... Où pourrais-je dénicher des éléments sur la vie de ces trois hommes ? s'interrogea Alexandros. Voici des notes d'Aristarque sur des erreurs de transcription de textes. Là se trouvent les remarques de Zénodote sur la nécessité de comparer les diverses copies avant l'édition.

Alexandros tira un rouleau vers lui.

– Tiens ! Un traité sur Archiloque.

– Vous vous plongez dans ma prose ?

Alexandros reconnut la voix de Callimaque.

– Je ne crois pas que vous trouverez ici de nouvelles indications sur l'histoire de la Grèce ! Il n'y a que des lettres et des notes un peu fastidieuses...

– Je ne veux rien laisser au hasard... La littérature grecque fait aussi partie de l'histoire de notre pays...

– Je vois... Je vous présente Hermippe qui souhaite déjeuner avec vous pour mieux vous connaître... Hermippe est l'un de mes élèves avec Aristophane. Personne ne connaît mieux l'astrologie ou la magie que lui. Il s'est attelé à un travail monumental.

– Callimaque n'a pas tort, reconnut l'intéressé. Je commente actuellement les deux millions de vers composés par Zoroastre. Je les compléterai par un index.

– Les prêtres égyptiens passent pour être des maîtres en ce domaine. Ils connaissent les liens qui rapprochent les choses d'ici-bas des esprits.

– C'est exact, reconnut Hermippe, et j'ai hâte d'en parler plus longuement avec vous.

Alexandros réfléchit un instant.

– Peut-être pouvez-vous m'aider, lui dit-il. J'ai rencontré une magicienne près du quartier des Juifs. Et j'ai oublié son nom. Sans doute la connaissez-vous...

– Je connais effectivement toutes les femmes qui pratiquent la magie à Alexandrie.

Le Macédonien lui fit une description précise de la vieille femme.

– Vous m'étonnez, lui dit Hermippe, sceptique. Vous me décrivez là une personne que je n'ai jamais rencontrée. Or je vous affirme que je connais toutes les magiciennes de cette ville.

– Certaines exercent sans doute leurs activités en secret.

– Mais je les connais aussi !

– Alors j'ai dû faire erreur...

L'astrologue s'excusa et lui donna rendez-vous pour la fin de la matinée.

– Mon ami, croyez-moi, vous ne trouverez rien de fructueux ici, insista de nouveau Callimaque en riant. Vous vous tenez devant les réflexions de Théophraste sur les coutumes juives et devant celles de Mégasthène sur les Juifs syriens et les brahmanes.

– Quand vous me connaîtrez mieux, ironisa Alexandros, vous saurez que je ne laisse jamais rien au hasard. Rien ! J'ai entendu dire que vous aviez renforcé les structures administratives de la cité et que vous teniez à ce que soient enregistrés ici tous les transferts de propriété, les dispositions testamentaires, les ventes de maisons et de terres et les biens hypothéqués…

– Ah ! Nous y voilà ! Si vous recherchez de tels dossiers, vous êtes effectivement au bon endroit, mais si vous voulez trouver des détails sur la rivalité de l'Égypte avec Démétrios Poliorcète, ce serait plutôt de l'autre côté…

– Je vous le répète : tout m'intéresse. Zénodote aussi. Parce qu'il fut le précepteur du roi. Ptolémée, le deuxième du nom, ne ferait-il pas à votre avis partie de l'histoire de la Grèce ?

– Je ne prendrai pas le risque de répondre non, plaisanta Callimaque, de peur de finir comme le créateur de cette bibliothèque ! Je veux bien sa fonction mais non sa fin ! Il est trop dangereux de ne pas reconnaître le pouvoir de Ptolémée ! A propos… En parlant de Zénodote. Sa fille vous cherchait hier. Elle m'a interrogé à votre sujet.

Alexandros ne put cacher sa surprise. Il rougit légèrement.

– Elle s'appelle Héléna, ajouta Callimaque en souriant.

– Si elle a besoin d'un renseignement, qu'elle vienne me trouver, répondit froidement Alexandros, agacé par le ton moqueur du poète qui paraissait régenter les lieux d'une voix doctrinale et didactique.

Callimaque partit déambuler entre les rayons, magistralement drapé dans sa tunique, le front haut, balayant d'un geste dédaigneux de la main tous ceux qui entravaient sa marche.

Dès qu'il fut seul, Alexandros se mit à consulter tous les actes d'achat de maisons et de terrains qu'il put trouver. Du temps de son père, Zénodote d'Éphèse n'était qu'un modeste poète épique. Il était également grammairien et auteur de la première édition critique des poèmes homériques. Il avait succédé à Philétas de Cos, son maître, dans la charge de précepteur royal auprès du jeune Ptolémée II. Tout jeune, Aristophane de Byzance assistait à ses cours. Ptolémée lui avait attribué lui-même des travaux d'édition portant sur la poésie comme il avait chargé Alexandre d'Étolie des œuvres tragiques et satyriques et Lycophron de la comédie.

L'attention que Zénodote portait aux mots lui avait fait dresser un recueil de mots poétiques classés par ordre alphabétique. Pour la première fois depuis l'édition de textes épiques, un correcteur pouvait intervenir sur l'authenticité des vers qu'il corrigeait. La bibliothèque ayant recueilli de nombreuses copies du texte homérique, Zénodote avait sélectionné la version qui lui avait paru la plus vraisemblable. Mais il avait aussi emprunté à d'autres manuscrits des vers meilleurs que ceux du texte de référence.

Plusieurs détracteurs étaient farouchement opposés aux méthodes de travail de Zénodote, fondées sur la subjectivité. On lui reprochait de se laisser guider par des principes esthétiques, par une convenance morale et religieuse et par une volonté de cohérence trop rigoureuse.

Alexandros ne résista pas à la curiosité de consulter les annotations de Zénodote. Après s'être assuré que le correcteur ne se trouvait pas dans les parages, il rechercha son édition de *l'Iliade* et la déplia avec soin. Devant les vers 4 et 5 de l'œuvre homérique, Zénodote avait effectivement apposé un tiret horizontal les condamnant. Il avait aussi remplacé un mot par un autre jugé plus approprié.

Zénodote était manifestement un homme scrupuleux qui ne se laissait pas impressionner par l'ampleur de la tâche.

Alexandros remarqua qu'il avait acquis une grande propriété un an avant la mort de son père. L'avait-il achetée avec l'argent qu'Agathos lui avait prêté ?

Le Macédonien n'apprit rien de bien remarquable sur la vie d'Iyi Tousert. Modeste commerçant, celui-ci avait fait une rapide fortune en vendant ses olives et avait acheté vingt-cinq ans plus tôt son oliveraie. Iyi Tousert s'était cependant illustré dans la lutte qui avait opposé les rois d'Égypte aux souverains d'Asie pour la possession de la côte phénicienne, de la Syrie du Sud et de la Palestine. Les Ptolémées considéraient en effet ces territoires comme des dépendances de leur empire. Les forêts de Syrie produisaient le bois de construction et les montagnes les métaux nécessaires à la construction des vaisseaux égyptiens.

Plus curieusement, Iyi Tousert avait voyagé en Macédoine au moment où ce pays affrontait quelques années plus tôt les envahisseurs gaulois. Il avait rencontré le roi Antigone avant que celui-ci ne fût maître de la Grèce et de la Macédoine, à l'époque où Pyrrhus tentait de le battre et de s'emparer de la Grèce.

– Je me demande pourquoi un Égyptien comme Tousert s'est rendu en Macédoine en pleine anarchie alors que nous ne pensions nous-mêmes qu'à fuir la région !

Alexandros soupira profondément en songeant avec quelle difficulté les Grecs supportaient maintenant le joug du roi Antigone qui avait placé depuis deux ans des garnisons et des tyrans dans de nombreuses cités.

Apollônios le dioécète lui réserva d'autres surprises. Il avait voyagé dans le monde entier avant de se fixer à Alexandrie. Il était bien difficile de suivre son parcours à la trace.

Alexandros s'étonna de sa rapide ascension. Toutefois, Apollônios s'était lui aussi illustré dans de nombreuses expéditions. Il avait fait partie, en 313, d'une expédition chargée de briser la révolte de Cyrène qui refusait d'être une province sujette de l'Égypte. En 308, il avait rejoint l'armée du premier Ptolémée pour mater le même pays en perpétuelle rébellion.

Apollônios avait également assisté à la mainmise de l'Égypte sur Chypre, à la lutte de l'Asie et de l'Égypte pour la conquête de la Palestine. Il avait soutenu la reine Arsinoé qui ambitionnait d'occuper la côte occidentale de la mer Rouge pour détruire le contrôle qu'exerçait l'Asie sur le commerce de l'Égypte avec l'Orient. Bien qu'il eût investi Damas, Ptolémée avait alors préféré battre en retraite devant l'ennemi, mais cette première guerre syrienne s'était terminée par un traité en faveur de l'Égypte, dont Apollônios n'était pas peu fier. On racontait cependant, à Alexandrie, que l'Asie s'accommodait mal de la brutalité de l'administration égyptienne.

La mission dans laquelle Apollônios avait eu le plus de responsabilités était sans doute celle qui l'avait conduit à Rome. Ptolémée avait fait de lui son ambassadeur pendant la guerre entre Rome et Pyrrhus d'Épire pour proposer aux Romains le soutien du roi d'Égypte.

Tout en poursuivant ses recherches sur Apollônios, Alexandros découvrit quelques informations sur le travail de son père.

« *Agathos, l'éklogiste,* lut-il à voix basse, *était chargé de la vérification des comptes. Il travaillait avec le contrôleur et le scribe royal qui surveillaient la machine administrative, les archives et les affaires fiscales. Il vérifiait que les grains non consommés étaient vendus au profit du trésor, que d'autres produits étaient vendus au bénéfice du roi : les raisins qui donnaient le meilleur vin, le sésame et le ricin, que l'on transformait en huile, le lin, qui produisait la toile, les tiges de papyrus, qui devenaient du papier. Il contrôlait l'arrivée des produits en provenance de l'Afrique centrale, surveillait la rentrée des taxes et des frais portuaires, les rendements des manufactures de lin qui constituaient l'industrie principale des temples.»*

Alexandros était si absorbé par sa lecture qu'il n'entendit pas la fille de Zénodote s'asseoir près de lui.

«Agathos contrôlait aussi les économes chargés de la distribution des rations alimentaires au personnel des temples, en parfaite intelligence avec les grands prêtres. Rien ne lui échappait, ni les impôts fonciers de blé et de vin payés par les temples ni la taxe d'initiation que chaque prêtre devait au roi. Aucune restauration d'édifice, aucune construction n'était entreprise sans l'accord du roi qui consultait auparavant Agathos.

« Chaque province ayant son corps de fonctionnaires, la gestion d'une telle bureaucratie donnait au dioécète et à son comptable un rôle essentiel.»

– Eh bien ! vous voilà encore occupé ! s'exclama Héléna.

Alexandros sursauta.

– Ah ! c'est vous ?

– Vous ne paraissez pas enchanté de me voir.

Alexandros comprit que sa réaction n'était guère flatteuse.

– Excusez-moi…

– Puis-je vous aider ?

– Non. D'ailleurs, j'ai fini. Je vais aller déjeuner…

– Nous pouvons peut-être nous tenir compagnie…

– Je suis déjà attendu…

– Vous ne l'êtes plus. J'ai tout arrangé avec Hermippe.

Alexandros s'apprêtait à protester quand il jugea préférable de laisser le destin s'accomplir. La jeune femme affichait un sourire désarmant. Il la trouva plus belle encore que la première fois. Sa peau cuivrée faisait ressortir ses grands yeux et son visage brillait comme un fruit mûr au soleil. Chacun de ses gestes était empreint d'une grâce naturelle.

– Vous ressemblez à votre père, lui dit soudain Alexandros.

Elle se contenta de sourire encore.

– Je crois, dit-elle.

11

Héléna avait jugé préférable de grignoter quelques olives et des galettes de fromage en marchant plutôt que de rejoindre la tablée des savants de la bibliothèque.

Alexandros l'avait volontiers accompagnée dans les jardins jouxtant le palais royal. Puis ils étaient partis tous deux vers le bord de la mer, parlant tantôt longuement ou se taisant pendant de longs instants.

Héléna s'arrêta pour regarder une Égyptienne filer et tisser sur le pas de sa porte. Celle-ci travaillait le coton, la soie et le lin et d'autres plantes importées en Égypte. Avec le *byssos*[1], elle confectionnait les étoffes les plus fines et les plus légères en usage pour les prêtres et les habitants aisés. De la laine, elle parvenait à faire de larges tapis, des tentures aux

1. Le lin.

dessins originaux et des vêtements chauds. Une inscription placée à côté d'elle précisait qu'elle utilisait de la laine de Xoïs, très recherchée, des laines de Cyrénaïque, de Chypre et de Milet.

Dans l'arrière-boutique, un homme plus âgé, probablement son père, teignait ces étoffes en pourpre phénicienne.

Comme elle revendait aussi des vêtements achetés à Memphis, à Bouto et à Tyndaris, Héléna déplia les tuniques les plus belles.

– Celle-ci paraît vous plaire plus que les autres, remarqua Alexandros en riant.

– Ses couleurs sont si variées, dit Héléna en plaçant l'étoffe devant elle.

– Et elles vous vont à ravir. Permettez-moi de vous l'offrir…

Héléna refusa aussitôt.

– Ce serait indécent. Que penserait mon père ? Je me promène déjà à vos côtés. Alors, un vêtement… C'est si intime.

– Vous avez raison, reconnut Alexandros en s'apercevant de sa maladresse. Mais j'ai envie de vous faire un cadeau. Choisissez autre chose : un collier, un coffre à bijoux…

Il l'entraîna vers de petits bibelots en bois habilement sculptés. A l'ébène d'Éthiopie se mêlait le thuya de Cyrénaïque. Des objets plus ordinaires avaient été taillés dans les bois locaux, l'acacia et le sycomore.

Héléna contempla avec envie des bijoux d'ambre et d'ivoire ornés de pierres précieuses, des verres de luxe et des coffrets d'onyx.

– J'ai trouvé ce qui vous conviendrait, lui dit Alexandros. Du parfum de myrrhe ou d'encens. Voyez ces petits flacons en verre teinté en forme de gourde...

La jeune femme se sentit de nouveau gênée. Elle s'apprêtait à refuser, mais Alexandros avait déjà payé le marchand.

– Ainsi, vous penserez à moi chaque fois que vous vous parfumerez, lui dit Alexandros en riant.

– Est-ce si important pour vous ?

Le Macédonien rougit.

– Excusez-moi. Je ne voulais pas vous blesser. Je pensais ce que je disais de tout cœur.

Ravie, Héléna glissa le flacon dans sa main et prit Alexandros par le bras le plus naturellement du monde. Elle n'entendait plus les vendeurs d'écrevisses criant aux abords du port. Les marchands de poivre de Libye, de vinaigre, de poissons salés de Mendès et de Mœris, de vin maréotite lui semblaient à l'autre bout de la ville. Accostée par des habitants de Cyrène vendant leurs jambons, leur moutarde et leurs pâtisseries à l'huile sortant des fours, Héléna les croisait avec indifférence, le regard vague. Un sourire calme aux lèvres, elle serrait dans sa main le petit flacon de parfum puis elle le glissa dans un emplacement conçu à cet effet, suspendu à une chaîne qu'elle portait autour de son cou long et fin.

Quand le flacon fut ainsi placé contre sa poitrine, elle reprit le bras d'Alexandros et marcha fièrement à ses côtés. D'ordinaire les Grecques évitaient de sortir sans esclave, a fortiori accompagnées par un homme qu'elles connaissaient à peine.

Bien qu'il ait eu dans un premier temps l'idée de l'interroger au sujet de son père, Alexandros oublia ses premières intentions tant il ressentit de plaisir à passer l'après-midi avec la fille de Zénodote. Il ne vit bientôt plus en elle qu'une compagne intelligente, agréable, douce et humaine, sensible au bien-être des Égyptiens et des habitants d'Alexandrie, qu'ils fussent étrangers ou autochtones.

Quand il rentra chez lui, Alexandros était profondément troublé. Faisant fi de la bienséance, Héléna l'accompagna jusqu'à la porte de son appartement. Mais, au moment où ils se séparaient, une jeune femme apparut dans l'encadrement de la porte voisine. Elle s'était jusque-là tenue dans l'ombre, à l'écoute de leur conversation.

– Néferet ! s'exclama Alexandros.

– Eh oui ! c'est bien moi. Je t'attendais, Alexandros. Tu rentres bien tard.

– Je ne crois pas avoir de compte à vous rendre.

– Je t'ai attendu chez moi... Tu m'avais pourtant promis de venir.

– Je n'avais rien promis, Néferet. Cesse de mentir !

– C'est toi qui mens, Alexandros. Attention, Héléna, ce jeune homme ment aux femmes.

Comme Héléna s'apprêtait à se retirer, Alexandros la retint.

– Comment connaissez-vous mon nom ?

– N'êtes-vous pas Héléna, la fille de Zénodote ? Allons donc ! Tous les Alexandrins connaissent

Zénodote, donc tous les Alexandrins connaissent sa fille !

Néferet tournait autour de la jeune fille en la regardant de haut en bas.

– Vous n'êtes pas mal non plus. Alexandros a bon goût.

– Cela suffit, Néferet, sinon votre frère sera informé de votre toupet. Vous êtes bien inconvenante pour une Égyptienne !

– Ah ! voilà donc le problème. Je suis égyptienne et Alexandros Agathos est macédonien, la perle d'Alexandrie !

– Ne soyez pas stupide, Néferet. Je n'ai jamais dédaigné les autochtones.

– Mais les Alexandrins se méfient de vous. On dit que vous êtes venu venger votre famille. Vous êtes envoyé par le dieu de la colère ! Vous apportez avec vous la malédiction !

– Ne l'écoutez pas, dit Alexandros à Héléna. Cette fille est aux prises de la folie !

– Écoutez-moi au contraire ! Alexandros a apporté avec lui le malheur. J'en ai la preuve !

Puis elle se sauva en lançant une nouvelle fois des menaces.

Dès qu'il rentra chez lui, Alexandros se précipita vers le coffret qui contenait les reconnaissances de dettes. Il l'avait laissé sur sa table de travail. Il l'ouvrit en pensant à ses lectures du matin et à sa longue journée avec Héléna. Qu'allait-il décider si Zénodote était impliqué dans le meurtre de sa famille ?

En déroulant une nouvelle fois les documents,

Alexandros sursauta. Il était sûr de ne pas les avoir rangés dans cet ordre-là. Quelqu'un avait pénétré dans sa chambre et les avait lus. Quelqu'un l'observait et le suivait. Il le sentait.

Il songea à Néferet. Rien n'était plus facile pour elle que de prendre la clé de la chambre chez son frère et de s'introduire dans la pièce sans être vue. Elle en avait la possibilité et l'audace. Était-ce pour cette raison qu'elle prétendait détenir la preuve qu'il était venu pour se venger ? Avait-elle compris que son père était en danger si Alexandros découvrait qu'il était coupable ?

Afin d'en être tout à fait sûr, Alexandros décida d'aller lui rendre visite dans le domaine de son père.

12

Zénodote rentra chez lui soucieux. Sa famille était déjà attablée quand il rangea les rouleaux sur lesquels il travaillait dans un coffre de sa chambre. Puis il descendit dîner, l'air sombre.

L'homme était aussi pointilleux dans sa mise que dans son travail. Il avait les gestes élégants des familiers de la cour de Ptolémée.

Sa femme affichait, elle aussi, une fierté proportionnée aux honneurs dont on entourait son illustre époux. Elle portait une tunique longue attachée sur l'épaule par une fibule d'or d'un grand prix sur laquelle avait été ciselée une scène de *l'Odyssée*. Ses cheveux relevés en chignon souple étaient entourés d'un bandeau et décorés d'épingles en argent.

Héléna et sa mère, Létho, avaient déjà mangé un plat de lentilles quand Zénodote les rejoignit.

– Tu en fais une tête ! s'exclama Létho. Ce sont encore ces oiseaux en cage qui te chamaillent à propos de tes corrections. Laisse-les donc parler ! Ce sont tous des jaloux. Ils t'envient parce que tu es le vrai responsable de cette bibliothèque et que notre roi t'entoure d'honneurs.

– Mais non, Létho. Cela n'a rien à voir. Je suis fatigué, c'est tout.

– Décidément. Voilà une soirée qui s'annonce bien triste. Héléna n'a pas prononcé un mot depuis qu'elle est rentrée. Les journées passées à la bibliothèque ne vous conviennent guère...

Une servante déposa devant lui une assiette de lentilles puis, avec une louche à l'extrémité recourbée, elle puisa dans un cratère du vin de Lesbos dont elle remplit une coupe en argent aux anses en forme de sirènes. Une vaisselle aussi rare témoignait de la richesse de son propriétaire.

Comme Létho l'observait en silence, Zénodote prit les devants.

– Autant que je te le dise ! Je suis inquiet à cause de ce jeune Macédonien qui vient de s'installer à Alexandrie.

Héléna leva aussitôt les yeux vers son père. Elle redoutait qu'il ne les ait vus ensemble et que leur complicité lui eût déplu.

– Père, commença-t-elle, justement...

Mais Zénodote l'interrompit.

– Nous verrons cela après. Laisse-moi d'abord parler avec ta mère.

Après un silence, il reprit.

– Voilà. Callimaque m'a appris que cet Alexandros ne travaillait guère sur son histoire de la Grèce depuis son arrivée. Il l'a surpris dans les rayons des lettres, des actes de vente, des achats de terrains... Manifestement, Alexandros n'est pas seulement venu ici pour étudier et pour écrire. Il veut faire reconstruire la maison de son père. On raconte dans la ville qu'il est venu venger sa famille.

– Qu'y a-t-il de mal à cela ? Assister à l'assassinat de sa famille est tout simplement horrible, répliqua Héléna un peu vivement.

Elle s'excusa aussitôt pour son intervention intempestive.

– Maintenant, je comprends, dit Létho. J'ai entendu dire qu'Alexandros était le fils d'Agathos...

– C'est lui.

– Or tu devais de l'argent à Agathos.

– Sans lui, nous n'aurions pas pu faire bâtir ce domaine.

– Eh bien ! Rembourse donc son fils !

– Létho, tu ne comprends pas. Si Alexandros apprend que je devais une telle somme d'argent à son père, il pensera que je suis aussi son assassin. Il est vrai qu'à l'époque il m'aurait été impossible de respecter les termes de mon engagement.

– Alexandros n'est pas censé le savoir !

Zénodote haussa les épaules. Ils écoutèrent dans le silence de la nuit les flots battre les jetées du port.

– Alexandros consultera l'acte de vente de notre maison. Il connaîtra facilement la situation financière dans laquelle nous nous trouvions à l'époque.

– Mais enfin, Zénodote, pourquoi veux-tu qu'il aille remuer le passé ? Qu'il souhaite connaître les assassins de son père, quoi de plus normal ? Mais il ne va pas harceler ses créanciers ! Parle-lui et rends-lui l'argent.

Zénodote se prit le visage à deux mains et but d'un trait une coupe de vin adouci de miel.

– Je ne crois pas que cela soit une bonne idée. Les dieux de la vengeance ont conduit ce garçon jusqu'ici et un homme qui cherche à se venger est toujours un lion difficile à raisonner.

Puis il appela la servante.

– Thallis ! Demain je me lèverai à l'aube. Pour le petit déjeuner, prépare-moi quelques morceaux de pain d'orge et de blé trempés dans un peu de vin pur avec des figues et des olives. Je dois faire un solide repas car la matinée sera longue. C'est à l'heure où le marché bat son plein que j'ai le plus faim et il m'est impossible de quitter alors la bibliothèque.

Thallis l'assura qu'elle ferait au mieux.

– Reviens demain avant que l'ombre du *gnomon* n'ait atteint dix pieds, lui demanda Létho, car ce soir je commençais à m'inquiéter...

Zénodote lui promit de rentrer plus tôt le lendemain.

– Ah ! Autre chose encore ! A midi, je mangerai sur le pouce. Alors, Thallis, prépare-moi aussi du fromage avec de l'ail et un peu de poisson séché. Tu ajouteras une part de ce gâteau au miel, s'il en reste.

Zénodote but une coupe d'eau et de gruau aromatisée avec de la menthe puis il avala un *kykéon*[1] à la menthe.

– Me voilà prêt pour dormir. Un dernier détail… Héléna, j'ai accepté que tu sortes sans esclave à condition que tu restes avec moi à la bibliothèque. Or, tu as disparu pendant tout l'après-midi. Et l'on raconte que tu es partie avec Alexandros ! Que va-t-on penser de toi dans la ville ? Je ne veux pas que tu sortes seule.

Un vaste jardin entourait la propriété d'Iyi Tousert. Une palissade en bois le clôturait. L'un des côtés du parc longeait le Nil. Une rangée d'arbres taillés en cône s'élevait entre le Nil et la palissade. Une double rangée de palmiers et d'arbres au feuillage en forme de pyramide ombrageait une large allée qui conduisait à la propriété elle-même.

Le centre du jardin était occupé par une tonnelle en treilles entourée de carrés d'arbres et de fleurs espacés de pièces d'eau. Là vivaient des oiseaux aquatiques. Sous le pavillon à jour, ombragé de plantes grimpantes, un jardinier se reposait en s'essuyant le front avec un pan de son vêtement.

Au fond du jardin, entre le berceau de vignes et l'allée, se trouvait un kiosque en rotonde à balustre, surmonté d'une voûte surbaissée à plusieurs chambres : la première était fermée et éclairée par des balcons à balustres. Les trois autres étaient à jour. Elles renfermaient de l'eau, des fruits et des offrandes.

1. Breuvage médicinal favorisant la digestion.

Un grand bassin, alimenté en eau par un canal d'irrigation venant du Nil servait aussi de vivier.

S'il reconnut la plupart des fleurs qui jalonnaient le jardin, Alexandros s'attarda auprès de plantes rares ou inconnues de lui qui devaient venir de tributs donnés aux Égyptiens par des peuples vaincus. Une plante plus fragile que les autres avait été placée dans une coiffe en attendant d'être replantée.

– Vous cherchez quelqu'un ? finit par lui demander le jardinier qui s'apprêtait précisément à s'occuper de la plante exotique.

– Non… balbutia Alexandros. Je suis attendu.

Il pénétra dans la vaste demeure sans être inquiété. Sur les deux longueurs avaient été élevées cinq colonnes en bois, hautes d'une cinquantaine de coudées. Ces colonnes se terminaient par des architraves en forme de carré qui soutenaient le toit de la salle à manger.

Au centre était représenté un ciel pourpre bordé de blanc. A gauche et à droite, s'élevaient de grosses pièces de bois couvertes d'une tenture chamarrée de bleu. Dans les intervalles, de faux lambris peints avaient des formes de thyrses.

Alexandros s'avança en pensant trouver dans le péristyle une esclave qui pût le renseigner, mais la galerie, étroite et voûtée, où attendaient habituellement les invités, était vide. Tout autour du péristyle, en plein air, avaient été plantés des lauriers et des myrtes dont le feuillage, mêlé à d'autres arbres, formait une couverture verdoyante. Le sol était jonché de fleurs parfumées. Sur les jambes de bois qui soutenaient le pavillon, une centaine d'animaux en marbre paraissaient avoir été sculptés par les meilleurs artistes.

Alexandros admira dans les intervalles des tableaux de l'école de Sicyone alternant avec des tuniques de drap d'or et des tentures brillantes dont quelques-unes représentaient des scènes mythiques ou des personnages fabuleux. Au-dessus étaient alignés des boucliers d'argent et d'or. Encore au-dessus, dans des niches, grimaçaient des masques de personnages de tragédie et de comédie. Dans plusieurs cavités avaient été placés des trépieds de Delphes sur leurs supports.

– Il y a quelqu'un ? demanda Alexandros, étonné qu'une demeure aussi fastueuse fût ainsi laissée sans esclave.

Mais il n'obtint aucune réponse. Aussi s'aventura-t-il plus avant. Des deux côtés de la salle de séjour avait été disposée une cinquantaine de lits d'or avec des pieds de sphinx, couverts de tapis de pourpre en laine de la plus belle qualité. Les soubassements de ces lits étaient d'un goût raffiné. Sur le sol, des tapis de Perse représentaient des animaux. Devant chaque lit étaient dressées deux tables à trois pieds. Au fond de la salle, cinquante cuvettes d'argent avec leur aiguière attendaient les convives. Une table avait également été dressée pour poser les calices en or enrichis de pierreries et tout ce qui était indispensable pour le service.

– Par Isis ! Je n'en crois pas mes yeux !

– Néferet !

– Bien sûr, Néferet. N'est-il pas naturel de me trouver ici ? Je suis ici chez mon père !

– C'est vrai, bafouilla Alexandros.

– As-tu égaré la belle Héléna ?

– Je crois que vous vous méprenez…

Néferet éclata de rire.

– Si cela peut te faire plaisir…

– Je suis venu vous voir.

Elle le sonda de son regard insolent.

– Peut-être, après tout… Oui, tu es peut-être venu pour moi.

– En douterais-tu ? Que ferais-je ici si ce n'est pour te voir ?

– Tu peux avoir besoin de mon frère Sethnacht ou…

– Ou ?

– Rien. Je préfère te croire.

Néferet se précipita alors vers Alexandros et lui prit la main avec effusion.

– Oui, je préfère te croire.

Elle l'entraîna dans le jardin.

– Je vais te faire visiter…

Alexandros ne pouvait espérer mieux. Il la suivit en admirant sa taille mince et ses formes menues sous l'étoffe transparente aux larges manches imprégnée d'essences balsamiques. Sa longue chevelure était retenue à l'arrière par un élégant nœud de ruban. Ses jambes semblaient aussi longues que la nuit des temps. Quand elle tourna vers lui son visage nacré au regard de lionne, dont le fard soulignait l'intensité et la langueur, l'une de ses mèches nattées glissa le long de ses lèvres. Leur couleur noire contrastait avec le blanc des souples retombées de son vêtement. Alexandros ne l'avait pas encore vue ainsi vêtue avec une tunique simple dont le décolleté en V laissait presque ses seins à nu au-dessus de la ceinture rouge tissée. Elle lui était jusque-là apparue en robe de lin plissé, plus sophistiquée, plus provocante, avec une perruque courte mais flatteuse, des rubans et des fleurs. Ces lignes pures et raffinées lui plaisaient davantage.

Le corps moulé dans son modeste fourreau blanc, elle n'en avait pas pour autant abandonné les grosses perles suspendues à son cou, son large gorgerin ni ses bracelets et ses périscélides de style géométrique. Elle portait aussi un bandeau de tête en or aux décors floraux et des boucles d'oreilles.

– Je ne voudrais cependant pas abuser, se rétracta soudain Alexandros. S'il me voyait en ta compagnie, Sethnacht pourrait s'en formaliser et je ne voudrais pas l'outrager…

Néferet éclata de rire.

– Dis-toi bien que je suis avant tout une Égyptienne ! Je porterai peut-être demain un nom grec, puisque tel est le souhait de mon père, mais je resterai une Égyptienne dans l'âme quelles que soient les mœurs que vos rois grecs veulent imposer. Une femme d'Égypte choisit ses fréquentations en toute liberté !

Alexandros savait aussi combien les Égyptiens étaient attentifs à punir l'amour hors du mariage. Néferet ne semblait pas en faire cas.

– Tu me prends sans doute pour une riche idiote ?

Alexandros se contenta de sourire.

– Eh bien ! détrompe-toi. Dès l'âge de quatre ans, j'ai eu droit à la meilleure des instructions car mon père voulait que je devinsse fonctionnaire comme mon frère. Je devais donc devenir scribe. La déesse Séchat a favorisé mes études malgré la discipline stricte qui m'était imposée.

Une telle révélation ne manqua pas d'étonner le Macédonien.

– Je connais l'écriture hiéroglyphique de nos ancêtres. A force de copier et de recopier les textes, aucun traité de sagesse, aucun roman, aucun conte ne m'est inconnu et si tu as un jour besoin d'un traducteur, n'hésite pas à me consulter !

Alexandros lui promit d'avoir recours à ses services, puis il ajouta :

– Mais ce n'est pas tout. J'ai aussi reçu l'écritoire pour avoir étudié l'arithmétique et la géométrie. Mon père m'a toujours élevée dans le respect de la déesse Maât afin que j'obéisse aux règles, que je me conduise bien envers autrui et que je sois d'un commerce agréable, modeste, loyal et réfléchi. Les Égyptiens apprécient les femmes gracieuses et douces, intelligentes et bonnes conseillères comme l'est Maât, grande d'amour près de chacun. J'ai même fréquenté l'école du palais avec les enfants royaux et plusieurs de mes amies sont médecins, accoucheuses, intendantes, contrôleurs des magasins royaux ou responsables des domaines funéraires.

Comme Alexandros s'apprêtait à la questionner sur ses activités, elle le précéda.

– Finalement, je me suis contentée pendant un temps d'aider mon père dans la gestion de son oliveraie. Mais il m'arrive de donner un coup de main dans la préparation des fêtes importantes. Je loue des musiciennes, des danseuses, des acrobates. Aujourd'hui, je ne m'occupe plus guère que de nos serviteurs. Il est impossible de travailler avec mon père. Quant à mère, elle tient absolument à tout contrôler et elle ne fait même pas confiance à ses propres enfants ! J'ai hâte de quitter ce domaine et de trouver un homme qui me plaise. Alors rien ne m'arrêtera, et si une autre femme convoite celui que j'aime je ferai cuire un ver dans de l'huile pour la rendre chauve !

Alexandros éclata de rire devant le visage déterminé de Néferet.

– Tu ris ? Sache pourtant que j'ai déjà piqué l'image d'une rivale de treize coups d'aiguille et que celle-ci est morte le lendemain ! Et aucune danse, aucun breuvage ne peut contrecarrer mes volontés. La belle Hathor a l'habitude d'écouter mes prières. Je n'ai plus douze ans et je suis en droit de me marier !

– Certes ! Belle comme tu es, aucun homme ne te résisterait !

– Es-tu sincère ?

– Un Macédonien ne ment jamais !

13

En plus de son oliveraie qui représentait déjà une source de revenu considérable, le père de Néferet avait planté quelques vignes dont il tirait un vin fort apprécié des Alexandrins.

Ptolémée avait coutume de dire que la vigne fournissait la « boisson royale », un « don de Dionysos », les Grecs d'Alexandrie buvant plus volontiers du lait de chèvre ou de l'eau mêlée de miel. Iyi Tousert avait su trouver un moyen ingénieux de conserver son vin plus longtemps que les autres viticulteurs en le faisant fermenter davantage tout en y ajoutant un peu d'eau salée, du thym ou de la cannelle. C'était adopter là des méthodes grecques.

Néferet et Alexandros passèrent devant des centaines d'outres en peau de chèvre destinées à la consommation sur place. A côté, étaient alignées et au tiers enfouies dans la terre de grandes jarres en terre cuite, puis des amphores en argile dont un serviteur enduisait les parois intérieures de poix. Les anses de ces amphores étaient ensuite remplies de vin puis estampillées au nom d'Iyi.

– Mon père est vraiment doué pour les affaires ! Après son huile, voilà son vin. Il ne craint même pas la concurrence des vins de Thasos, de Chios ou de Lesbos, pourtant très goûtés par ici et il a convaincu le dioécète que son vin était si fameux qu'il n'était pas nécessaire d'en importer autant de Thasos, dont les lois sont, il est vrai, très astreignantes. « Acheter mon vin est une façon d'éviter les fraudes », argumente-t-il à la Cour. Comment savoir, en effet, si le vin que nous importons n'est pas mêlé à quelque aromate nocif pour la santé ?

– Ingénieux !

– Oh ! Pour l'ingéniosité, crois-moi, mon père n'est jamais en reste ! Il a même laissé croire au palais que son vin était le plus adapté aux cérémonies religieuses et que certains cultes qui, jusque-là, excluaient le vin, devaient abandonner les libations de lait pour contenter les divinités, toutes nourries, dès le berceau, à l'hydromel !

– Je reconnais que ces arguments dépassent l'entendement…

– Certes. Mais son vin est bon.

Néferet fit signe au serviteur qui empoissait les amphores de puiser un peu de vin dans une *œnochoe*[1] et d'en remplir une outre qu'elle tendit à

1. Cratère.

Alexandros. Le Macédonien recracha aussitôt la mixture.

– Par Héraclès ! ce vin est presque pur.

– Et fort ! précisa Néferet en riant. Au début, le goût est un peu déroutant, mais on s'y habitue très vite. Lors des fêtes il échauffe les esprits et les cœurs. Il rend gai et fait oublier les soucis de tous les jours. Certains Alexandrins en consomment chaque jour et se racontent leurs malheurs entre deux coupes : leur femme les a quittés, leur fille a fait un mauvais mariage, leur boutique périclite.

Néferet prit l'outre en peau de porc et se servit elle-même une bonne rasade de vin.

– Tiens ! Essaie encore !

Alexandros dut se faire prier.

– Si je le supporte, ne me dis pas qu'un homme comme toi en est incapable !

Le Macédonien but à longues gorgées jusqu'à ce que l'outre fût vide.

– Tu vois, on s'y habitue. Il désaltère mieux que le vin trop doux.

– Je le reconnais. Et pour faire honneur à ton père, je vais même en boire encore…

Alexandros but une deuxième outre pleine.

– Plus de bière alors ?

– Pas tout à fait, dit Néferet en pointant son menton de l'autre côté du jardin.

Des serviteurs de Tousert fabriquaient à cet endroit la boisson préférée des Égyptiens avec de l'orge, du froment et des dattes. Ils manipulaient des moules semblables à ceux des boulangers et des assortiments de corbeilles, de jarres et de cuvettes en poterie.

Tout en faisant des pains, les ouvriers préparaient la « fraîche », une pâte qu'ils versaient dans des moules brûlants pour en dorer la croûte. Ces pains, à demi cuits, étaient ensuite émiettés et mélangés avec le liquide sucré obtenu avec des dattes. Puis ils brassaient et filtraient.

Le liquide fermenté était versé dans des jarres bouchées avec une assiette et un peu de plâtre pour le voyage ou dans de petites cruches pour la consommation courante.

Déjà égayé par le vin, Alexandros saisit un gobelet en faïence et goûta la bière de Tousert.

– Un peu aigre, dit-il en hochant la tête.

– Mon père sait mieux conserver le vin que la bière, reconnut Néferet. Hier, mille cinq cents jarres de son vin scellé ont été embarquées pour Memphis. Dans le Delta, il commence à avoir de sérieux concurrents, mais aucun d'entre eux ne parvient à conserver son vin aussi bien que lui, même en le soutirant, même en le cuisant... Je suis sûre qu'il ne nous révèle pas tout et qu'il possède une recette secrète que lui a apprise quelque magicienne du quartier des Juifs !

Néferet emmena Alexandros dans l'immense oliveraie de son père. Elle était si vaste qu'il était inconcevable d'en faire le tour à pied avant le coucher du soleil. Mais elle prit plaisir à l'entraîner encore une fois au milieu des ouvriers qu'elle semblait tous connaître par leur nom.

– Oh ! Ils font en quelque sorte partie de la maison, dit-elle à Alexandros qui s'en étonnait. Nous avons toujours été habitués à considérer nos serviteurs comme des membres de la famille. Ils sont depuis si longtemps attachés à mon père et ils travaillent dur pour lui !

Les ouvriers la saluaient d'un geste respectueux de la tête et d'un sourire affectueux.

– Ceux-là, ils m'ont connue enfant ! lança-t-elle, espiègle. Mais ils ne me voient plus du même œil !

Elle minaudait sans paraître s'apercevoir de ses gestes ou de ses poses parfois provocantes. Alexandros se mit soudain à aimer ces élans naturels qu'il jugeait plus spontanés que calculés, plus enfantins que sensuels.

– En Macédoine, on a coutume de dire que l'agriculture donne aux hommes une vigueur virile car elle les fait se lever tôt et les contraint à de longues marches. La terre apprend à défendre sa propriété, à être juste et à commander. L'agriculture est la mère des autres arts. Quand tout va bien pour la terre, tout va bien partout.

– Il faut aussi de la patience pour constituer des vignes et des oliviers. Plus de dix ans sont nécessaires pour qu'un olivier commence à donner des fruits et il faut attendre bien davantage pour qu'il donne à plein.

Alexandros s'assit au pied d'un tronc noueux sur lequel avait été adossé le long roseau souple dont se servait le cueilleur d'olives. Devant eux se trouvait le mortier qui permettait le pressage des olives. Le trou d'écoulement par où sortait le marc, dont on se servait comme engrais ou pour dessécher le bois ou le cuir, était sec.

– Ce mortier ne sert plus. On emploie maintenant un moulin à huile et un pressoir.

– Personne ne vient donc par ici ?

– Non, dit Néferet en riant et en s'asseyant contre Alexandros.

Le jeune Macédonien ne chercha pas à résister aux avances de l'Égyptienne. Il répondit à ses caresses et obéit à ses prières. Néferet était loin d'être une néophyte en amour et Alexandros brûlait d'un feu qui l'étonna.

Autour d'eux, rien ne troublait le chant des grillons qui devint de plus en plus intense. L'odeur des flots leur parvenait, mêlée à des senteurs de laurier.

Leur étreinte fut vive et passionnée. Puis Néferet serra Alexandros contre elle en lui réclamant de nouveaux baisers. Mais le Macédonien sembla soudain reprendre ses esprits.

– Par Éros ! qu'ai-je fait ? Si l'on nous surprend maintenant, tu seras tuée ! L'adultère n'est pas autorisé à Alexandrie et une femme ne doit pas avoir péché avant son mariage.

Néferet éclata de rire.

– Ne t'en fais pas. Qui pourrait nous surprendre ? Un serviteur ? Crois-tu qu'il risquerait de perdre sa place en parlant ? Et n'est-ce pas excitant de se savoir ainsi observés dans le péché ?

Alexandros repoussa brusquement la jeune femme.

– Qu'ai-je fait ? répéta-t-il.

Mais à cet instant un hurlement inhumain leur parvint. Ils se levèrent d'un bond et se mirent à courir vers l'endroit d'où venaient les cris. Le domaine sembla soudain se peupler et s'agiter en tous sens. Des serviteurs arrivaient de partout. Alexandros et Néferet rencontrèrent Sethnacht qui, inquiet, leur demanda s'ils avaient entendu. Il en oublia la présence surprenante du Macédonien chez son père.

– Bien sûr, nous avons entendu, répondit Néferet, impatiente de savoir ce qui se passait. Les cris recommencent. Écoutez ! Ils viennent de là. Vite ! Quelqu'un a besoin d'aide !

Ils arrivèrent bientôt à l'endroit où les ouvriers composaient leur savant mélange de vin et d'eau et où le maître des lieux tenait à parfaire lui-même ses compositions d'aromates propres à conserver le vin. Un cercle d'hommes et de femmes, tous employés de Tousert, entourait un homme allongé à terre, faisant comme un mur autour de son corps. Les femmes gémissaient en se frappant la poitrine. Les plus jeunes restaient bouche bée.

– Vite ! Il faut intervenir, cria une vieille servante en bousculant les autres. Ne restez pas là sans rien faire !

– Inutile, répondit un vieillard en la retenant par le bras. Il est mort. Attention à vous, vous pourriez vous aussi être attaqués par ces furies !

Néferet poussa un cri strident. Elle venait de reconnaître son père étendu sous un essaim d'abeilles.

– Il était en train de préparer un mélange à base

de miel quand les abeilles l'ont attaqué, lui expliqua l'homme qui travaillait avec son père.

– C'est impossible ! rétorqua Sethnacht. Mon père connaissait ses abeilles mieux que nous ! Il n'aurait jamais travaillé ses mélanges près des ruches. C'est une aberration !

– Les ruches ont pourtant été apportées jusque-là ! lança un ouvrier

– Oui et je me demande par qui.

– Celui qui a apporté ces ruches ici est un assassin ! dit Néferet, le visage blanc. Chassez-moi ces abeilles et portez mon père dans la maison.

A cet instant arriva la mère de Néferet, qu'Alexandros ne connaissait pas plus que son père. Mais celle-ci semblait informée sur le Macédonien.

– C'est toi, lança-t-elle à Néferet en pointant un doigt accusateur vers sa fille, c'est toi qui as amené la mort dans cette maison ! Je t'avais pourtant interdit de fréquenter cet Alexandros, mais il a fallu que tu l'amènes ici ! N'était-il pas suffisant que ton frère l'hébergeât ?

Comme Néferet s'apprêtait à protester, sa mère marcha sur elle, la colère sur le visage.

– Ne mens pas ! Je vous ai vus ! Oui, de mes yeux vus.

Alexandros sentit le sol se dérober sous ses pieds. Si la mère de Néferet les avait réellement vus dans l'oliveraie et si elle parlait, ils risquaient tous deux d'être lynchés ou condamnés à mort. Mais la femme de Tousert se contenta de jeter à sa fille un regard noir et accusateur.

Le corps fut porté dans la pièce principale de la propriété et étendu sur un lit. Néferet avait pris soin de recouvrir le visage de son père qui était méconnaissable. Sethnacht était profondément troublé. Alexandros s'étonna en revanche de l'impassibilité de Néferet qui se tenait droite devant son père, les doigts croisés, les traits figés comme ceux d'une statue en pierre. Elle observait son père, le regard fixe, sans bouger, ses lèvres n'exprimant aucune émotion.

Devant cette douleur muette, Alexandros s'apprêtait à se retirer discrètement quand la mère de Néferet entra avec une violence qui étonna l'assistance. Chacun se retourna, à l'exception de Néferet qui semblait décidément transformée en statue de sel. Sans respect pour le corps de son mari défunt, elle cria :

– Regarde-moi, Néferet !

Mais la jeune femme demeura impassible, les yeux fixés sur le visage de son père recouvert d'un drap blanc.

Sa mère s'avança vers elle d'un pas décidé, en bousculant Alexandros qui se tenait à côté de Néferet. Elle plaça sa main sous le menton de sa fille et dirigea d'un geste brusque son visage vers elle pour l'obliger à la regarder. Néferet ne cilla pas. Elle porta sur elle un regard aussi froid que le marbre.

– Écoute-moi bien, Néferet. Tu n'en as toujours fait qu'à ta guise et ton père n'a jamais rien dit. Aujourd'hui sa faiblesse l'a tué car il ne t'a pas vue fricoter avec ce Macédonien de malheur qui aurait dû périr autrefois avec sa famille. Quel dieu infernal le protège donc pour qu'il ait réussi à échapper à la mort ?

Alors qu'Alexandros se retournait vers la porte, jugeant sa présence indésirable, Néferet ouvrit enfin la bouche.

– A mon tour de parler, dit-elle à sa mère, assez haut pour que tout le monde l'entendît. Si mon père ne s'est pas rendu compte que j'aimais Alexandros, c'est parce qu'il ne s'est jamais intéressé à ses enfants. S'il est mort aujourd'hui, c'est sans doute parce que l'un des ouvriers ici présents s'est vengé sur lui de ton manque d'humanité à l'égard des serviteurs qui habitent notre domaine depuis de nombreuses années. Toi, l'Égyptienne, tu as vite su adopter les mœurs des Grecs qui considèrent tous leurs serviteurs comme des esclaves. Et pourtant Alexandros te déplaît. Que vous a-t-il donc fait pour le traiter de la sorte ?

– Chasse-le d'ici, Néferet ! cria de nouveau sa mère en pointant un doigt accusateur vers Alexandros. Qu'il parte à tout jamais !

Néferet haussa les épaules et accompagna le Macédonien jusqu'à la porte devant l'auditoire médusé.

– Viens, lui souffla-t-elle. Ma mère est folle et Sethnacht ne parviendra pas à la calmer malgré l'influence qu'il a sur elle.

Alexandros la suivit sans rien dire. Ils se retrouvèrent dans le jardin, seuls et bouleversés, Néferet par la mort de son père, Alexandros par ce qu'il venait d'entendre.

– Tu me juges bien mal en cet instant, lui dit Néferet.

– A vrai dire, je ne sais que penser. Tu sembles si froide.

– J'ai été élevée dans l'indifférence et je n'aime guère montrer mes sentiments...

Ils marchèrent tous deux sans parler, froissant les herbes de leurs sandales silencieuses.

– Maintenant, il me faut partir, lui dit Alexandros.

– Attends. Tu auras besoin d'un alibi au moment de l'enquête.

– Je doute qu'il y ait une enquête, lui répondit Alexandros. Les abeilles ne sont-elles pas responsables de la mort de ton père ?

– Sans doute, répondit Néferet en le laissant partir.

14

– Qu'as-tu prévu pour les fêtes ? demanda avec humeur le dioécète Apollônios à Callimaque.

En homme fidèle à ses origines doriennes, le fils du militaire Battos répondit avec un respect quelque peu hypocrite :

– Un hymne que j'avais écrit en l'honneur d'un champion olympique de Cyrène, deux épigrammes et un poème pour honorer Apollon, mon maître en poésie.

Parce qu'il avait connu des débuts difficiles en apprenant à lire et à écrire aux écoliers du quartier d'Éleusis et parce qu'il avait vécu pauvre, Callimaque avait vite appris à courtiser les princes dans son intérêt.

– J'ai également écrit un texte pour la déification d'Arsinoé, ajouta-t-il. Puisque notre roi a apprécié mon poème célébrant autrefois son mariage avec elle, alors que je n'étais encore que jeune homme de la Cour, je pense qu'il aimera aussi celui-ci.

Apollônios exprima un sourire qui en disait long. Il n'était pas dupe de l'habileté du poète habitué à flatter la Cour.

– Les *telchines*[1] ne manqueront pas d'attaquer mes poèmes parce que je privilégie une fois de plus les formes brèves. Qu'importe ces ignorants de la muse, ils ne sont pas mes amis ! Ce ne sont que des poissons bavards.

– J'espère pour toi que le roi appréciera ton œuvre, dit Apollônios, car il s'est montré très mécontent d'un vase à vin le représentant avec un visage rond trahissant sa tendance à l'obésité et une bouche boudeuse révélant son dégoût de la vie militaire.

Callimaque hocha la tête.

– A mes yeux comme dans mes poèmes, Ptolémée ne saurait être dissocié de l'image d'Apollon…

– Je crois entendre Théocrite…

Apollônios s'interrompit pour donner des instructions au scribe qui, assis en tailleur, transcrivait ses ordres.

– Le roi souhaite introduire dans la province du Fayoum une nouvelle variété de blé hâtif qui permettrait d'obtenir deux récoltes par an. Il a décidé d'effectuer lui-même une tournée d'inspection dans cette région afin de féliciter les uns et de blâmer ceux dont le travail ne le satisfait pas.

---

1. Artisans qui étaient aussi magiciens selon les traditions de Cos et de Rhodes.

Puis il donna des instructions à un autre fonctionnaire de la Cour.

– Le roi veut dans le zoo d'Alexandrie un python et un ours. Il faut adresser un courrier au chef de tribu Tobias pour savoir s'il peut nous envoyer ces animaux d'Israël. Nous avons également un grand besoin d'éléphants pour l'armée. Les rois d'Asie en ont en permanence. Aussi devons-nous nous en procurer le plus vite possible ! Une dernière chose : notre roi Ptolémée tient absolument à voir des dromadaires à Alexandrie !

Comme le fonctionnaire restait debout, l'air effaré, le dioécète montra de l'agacement.

– Débrouille-toi pour en trouver et les domestiquer. Je veux que le roi soit satisfait. Depuis que notre reine est morte, il paraît inconsolable. Il faut donc le contenter en tous points. Prends modèle sur l'honorable Callimaque qui sait toucher le roi au cœur en participant au développement du culte d'Arsinoé Philadelphe[1]. Le nom de la reine a déjà été donné à plusieurs villes tant en Égypte que dans nos possessions extérieures.

Callimaque hochait la tête en approuvant le dioécète.

– J'ai également décidé de créer à Alexandrie une prêtrise particulière pour honorer Arsinoé, poursuivit-il. Un impôt sera consacré à l'entretien de son culte, qui sera célébré dans tous les temples d'Égypte où la reine est associée aux dieux locaux.

1. Arsinoé « qui aime son frère ».

Quant aux monnaies en or et en argent à son effigie, nous allons les multiplier. Tous ces efforts seront très populaires.

– En souhaitant tout de même que Bilistiché ne s'en offusquera pas.

– Bilistiché a toujours su garder sa place même lorsqu'elle était plus jeune et qu'elle était la favorite du roi, sous la première Arsinoé. Depuis que la reine est morte, Ptolémée a couru se réfugier dans ses bras…

– Et elle prend maintenant des allures de reine en affichant une personnalité hors du commun. A croire qu'elle descend réellement des Atrides comme elle le prétend.

Le dioécète ricana.

– Bilistiché a des origines obscures, mais elle nous sert et seule compte aujourd'hui l'influence qu'elle peut avoir sur le roi. Son unique souci est de participer aux prochains Jeux olympiques de 268. Elle passe son temps à l'hippodrome où elle s'entraîne à la course de chars.

– Pourquoi ne pas engager dans les spectacles prévus Mnésis ou Pothiné qui jouent aussi bien de la flûte qu'elles interprètent un rôle.

– C'est une bonne idée, approuva Apollônios. Le roi les apprécie assez pour leur avoir fait construire de magnifiques demeures.

Il réfléchit quelques instants. Puis il ajouta :

– Oui, je crois que c'est une excellente idée même si Bilistiché s'en montre jalouse…

Il eut un geste d'impatience.

– Fais au mieux, comme d'habitude. Tu connais ton travail. Mais n'oublie surtout ni les Ptolémées ni Bérénice. Notre roi aime trop ses enfants, même s'il les a eus avec sa première épouse, pour les voir exclus des hymnes en son honneur. Il parle déjà d'associer l'aîné de ses fils au trône et je sens que cette association va se faire très bientôt.

Le dioécète fit appeler l'hypomnématographe, chargé des relations entre l'administration royale et les fonctionnaires provinciaux, et l'épistolographe, responsable de la correspondance royale, à qui il dicta un nouvel édit.

– J'en ai fini, dit-il sèchement à Callimaque. Il me faut maintenant réunir les « amis » du roi. Tout est en place pour les fêtes. Les pages royaux ont reçu leurs ordres ; le grand veneur a organisé une chasse spéciale ; le grand chambellan a fait refaire son habit…

Callimaque l'interrompit :

– Encore une chose…

– Je t'écoute.

– Le jeune Alexandros souhaiterait rencontrer le roi pour le remercier de l'accueil qu'il a reçu à Alexandrie.

Le dioécète se frotta le menton et réfléchit longuement avant de répondre.

– Tu sais pourtant que cinq jours sont nécessaires pour rencontrer le roi au sujet d'une affaire concernant les intérêts de l'État et que les ambassadeurs des cités grecques attendent plus d'un mois avant de pouvoir s'entretenir avec notre souverain.

– Comme ces audiences sont souvent accordées à l'occasion de fêtes et de banquets, j'ai pensé…

– Tu penses trop, Callimaque. Garde tes inventions pour tes poèmes. Les ambassadeurs se succèdent à la Cour et rien n'est trop beau pour les éblouir afin que notre roi fasse la démonstration de sa puissance. Ptolémée a encore pris la décision d'emmener des diplomates grecs au Fayoum afin qu'ils pussent rapporter dans leur pays combien est grande la prospérité de l'Égypte. Ce qui coûte – entre nous – terriblement cher. Mais Alexandros n'est pas un ambassadeur pour être traité de la sorte.

– Certes non. Mais il s'agit d'un savant que le roi en personne a accepté de recevoir.

– C'est vrai, reconnut Apollônios, agacé par l'insistance de Callimaque. Cependant…

– Cependant ?

– J'ai appris la mort de ce malheureux Tousert et l'on raconte qu'Alexandros était chez lui le jour du crime.

– Du crime ?

– Oui. Ne me dis pas que Tousert avait l'inconscience de préparer ses mixtures sucrées près de ses ruches, je ne te croirais pas. Quelqu'un a assassiné Tousert et transformé cette mort en accident.

– Mais il est impossible d'accuser Alexandros ! Quel rapport ce garçon avait-il avec Tousert, qu'il n'avait jamais rencontré ?

– Alexandros a apporté la mort avec lui. Tousert m'a confié que, depuis qu'il était en ville, il faisait brunir son huile et tourner son vin.

– Si Tousert t'a rapporté cela, c'est sans doute parce qu'il avait vu Néferet tourner autour de lui.

– Ce n'est pas sûr.

– Je te le dis : même si Alexandros porte malheur, il n'est pas un assassin. On raconte que Sethnacht a peut-être tué son père…

– Je connais Sethnacht et ne puis ajouter foi à cette rumeur.

La police avait pourtant décidé de suivre cette piste. Pendant que le dioécète s'entretenait avec Callimaque, deux enquêteurs se présentèrent au domaine de Tousert avec l'intention d'interroger son fils. Encore éprouvé par le décès de son père, Sethnacht les reçut sans chaleur et répondit à leurs questions.

– Ainsi donc, conclut l'un des policiers, vous n'avez aucun alibi pour les heures qui ont précédé la mort de votre père.

– J'étais parti me promener au port et je doute que quiconque m'ait reconnu. Interrogez des habitués du port.

– Trois heures de promenade au port, c'est un peu long…

– Nombreux sont ceux qui pouvaient tuer mon père. Pourquoi vos soupçons se portent-ils sur moi ?

– Tout le monde n'hérite pas d'un domaine aussi vaste.

– Je n'ai rien de plus à vous dire.

Après en avoir délibéré, les deux policiers décidèrent d'emmener Sethnacht, malgré les protestations de sa mère.

15

Les fêtes en l'honneur de Dionysos furent l'occasion pour Ptolémée d'accueillir une multitude d'artistes, d'athlètes et d'ambassadeurs grecs. Soldats et délégations étrangères avaient été logés sous des tentes.

La plus somptueuse fut destinée au banquet officiel. Le sol avait été jonché de fleurs. Les hôtes royaux prirent place sur cent trente lits de table aux pieds dorés, garnis de tapisseries iraniennes.

La procession se déroula après le banquet inaugural. Elle devait précéder celle consacrée aux parents des rois, celle des dieux et celle de l'Étoile du soir. Le défilé commença tôt le matin.

Le dioécète avait prévu deux mille bœufs pour les sacrifices, cinquante-huit mille fantassins et vingt-trois mille cavaliers pour le défilé militaire qui devait avoir lieu le lendemain.

Ancêtre de la dynastie ptolémaïque, le dieu Dionysos s'avançait en tête du premier cortège. Une savante généalogie, établie par Ptolémée Sôtêr et officialisée par Ptolémée II, prouvait en effet que le premier Ptolémée descendait par sa mère de Borkos, frère cadet de l'ancien roi macédonien Alexandre le Philhellène. Comme Alexandre le Grand, bien que par filiation matrilinéaire, il était donc issu de Téménos, fils d'Hyllos, lui-même fils d'Héraclès et de Déjanire qui était la fille de Dionysos. Et comme Dionysos présidait également aux concours dramatiques, étant le dieu en l'honneur de qui acteurs, auteurs, chanteurs et musiciens sacrifiaient au théâtre avant de jouer, de nombreux personnages déguisés en satyres et en silènes, compagnons habituels de Dionysos, figuraient dans le cortège. Deux silènes tenaient les rôles du héraut et du trompette.

Quand la statue du dieu s'avança sur un char à quatre roues, entourée de ses fidèles, Alexandros avait déjà rejoint les premiers rangs des spectateurs qui avaient envahi les rues principales d'Alexandrie. Sa préoccupation majeure était de voir le roi. Il n'en admira pas moins le prêtre de Dionysos en la personne du poète Philikos, entouré de tous les danseurs et musiciens qui résidaient à Alexandrie ou qui étaient venus participer au concours. L'enthousiasme des autres prêtres, des porteurs de vans sacrés, des membres de confréries dionysiaques et des nouveaux initiés souleva la joie du Macédonien. Le spectacle des ménades échevelées, couronnées les unes de serpents, les autres de rameaux, était impressionnant et entraîna des mouvements de panique dans l'assistance car ces femmes, originaires de Macédoine ou de Lydie, tenaient dans leurs mains des serpents et des poignards.

La ferveur religieuse des Égyptiens et des Grecs connut son paroxysme à la fin du cortège lorsque les deux emblèmes sacrés firent leur apparition : un thyrse doré long de cent trente pieds et un phallus surmonté d'une étoile, long de cent quatre-vingts pieds. Entre-temps et pendant le défilé de chars illustrant l'aspect bacchique du dieu, Néferet était venue rejoindre Alexandros pour lui apprendre l'arrestation de son frère. Elle s'éclipsa lorsque Héléna apparut à son tour, juste après le passage des chars transportant la statue de la nourrice de Dionysos et la grotte où le dieu avait passé son enfance.

– Je te laisse en bonne compagnie, chuchota Néferet à Alexandros avec un sourire en coin.

– Je m'étonne que Néferet prenne aujourd'hui part aux réjouissances, dit Héléna en la regardant s'éloigner. Son père vient juste de mourir et...

– Néferet est une femme courageuse.

– Sans doute.

Alexandros et Héléna suivirent des yeux, sans mot dire, un char portant un immense pressoir sur lequel un chœur de cinquante satyres pressait le vin en chantant aux sons des flûtes. D'une outre gigantesque en peau de panthère s'écoulait du vin que silènes et satyres recueillaient dans des vases d'or. Des hommes portaient à bout de bras toutes sortes d'objets précieux qui brillaient au soleil, récipients d'or et d'argent, tables d'argent massif incrustées de pierres rares, trépieds d'or, pressoirs et coffrets précieux.

– Ptolémée n'a pas hésité à exhiber ses richesses, reconnut Héléna. Tous ces meubles du palais qui défilent... Je préfère ce chœur accompagné de cithanristes, c'est plus romanesque.

– Zénodote ne t'accompagne pas ? Nous étions tous étonnés de son absence hier, à la bibliothèque.

La jeune femme rougit.

– En fait, mon père semble avoir perdu la raison depuis la mort de Tousert. Il a eu une discussion avec ma mère dont j'ai été exclue. Depuis hier, il ne sort plus sans être armé d'un couteau dont la longueur de la lame ferait frémir une armée entière.

– Que redoute-t-il ?

– Je ne sais trop... Mais je les ai entendus parler de toi en des termes qui m'ont émue.

Alexandros chercha à en savoir davantage.

– Je n'ai guère compris ce qu'ils te reprochaient. Ils évoquaient ta famille. Mère avait l'air de plaindre ton sort...

Alexandros attrapa au passage une tourterelle aux pattes enrubannées que des silènes avaient laissé échapper de la « grotte » de Dionysos et l'offrit à Héléna. Celle-ci la saisit et lui donna un morceau de galette du bout des lèvres. L'animal, d'abord effrayé, consentit à becqueter, pour la plus grande joie de sa nouvelle maîtresse.

– Elle sera mieux en liberté, dit Héléna en ouvrant les mains pour la laisser s'échapper. Les animaux, comme les hommes, ne sont pas faits pour être enchaînés.

Puis elle accepta, elle qui ne buvait jamais que de l'eau miellée, un gobelet de vin et glissa à l'oreille d'Alexandros :

– L'une de mes passions pendant les fêtes est de gagner le stade où de jeunes Alexandrins, beaux comme des dieux, transportent près de quatre cents jarres précieuses. Le vin qu'ils offrent est doux et si enchanteur que l'on en rit toute la nuit.

– Est-il aussi bon que celui de Tousert ?

– Il est plus suave mais aussi redoutable !

Malgré son désir de voir le roi, Alexandros suivit Héléna jusqu'au stade. Ils rattrapèrent le cortège de Dionysos maintenant escorté de déesses de la Victoire aux ailes dorées portant de grands brûle-parfums ornés de feuilles de lierre d'or. Derrière la statue de Dionysos fêtant sa victoire mythique sur les Indiens venait son armée : cinq cents jeunes filles vêtues de tuniques de pourpre serrées par des ceintures d'or, cent satyres armés, cinq escadrons d'ânes montés par des silènes, des quadriges d'éléphants, des biges traînés par des chamelles, des oryx, des onagres et des autruches.

Des prisonniers représentaient le butin du dieu vainqueur. Des chameaux transportaient les aromates pris aux vaincus. Des Éthiopiens portaient l'or, le bois et les défenses d'éléphants. Suivaient des chasseurs avec une meute de deux mille chiens, des oiseleurs portant des cages pleines d'oiseaux rares, des animaux exotiques, parfois sauvages, une girafe, un rhinocéros et un ours blanc.

– Si je m'écoutais, souffla Héléna, j'ouvrirais toutes ces cages !

Le dernier char du cortège intéressait davantage Alexandros, car il portait les statues d'Alexandre le Grand et de Ptolémée Sôtêr, le front ceint d'une couronne de lierre en or. Des femmes, incarnant des cités autrefois prises par les Perses, rappelaient au peuple que le premier Ptolémée l'avait libéré et avait su préserver son indépendance. Son trône, entouré d'objets précieux, sur lequel était déposée une couronne d'or, apparaissait dans l'ombre de la statue d'Alexandre, le dernier dieu, tirée par un char attelé d'éléphants.

Les senteurs émanaient des aromates défilant au soleil. Les cris de la foule acclamant les dons du roi se mêlaient aux chants des chœurs et aux chansons à boire des satyres dans une joyeuse cacophonie.

– Je sais que la favorite du roi doit participer demain aux épreuves équestres. J'ai vraiment hâte de la voir monter. On dit qu'elle possède la puissance et la maîtrise d'un homme et qu'elle remportera l'épreuve de chars aux prochains Jeux olympiques.

– Sans doute le roi sera-t-il demain à l'hippodrome ? demanda Alexandros.

– Sans aucun doute. Depuis la mort d'Arsinoé, il ne quitte plus Bilistiché, sauf lorsqu'elle s'entraîne.

Alexandros et Héléna passèrent plusieurs heures

ensemble et se donnèrent rendez-vous pour le lendemain après avoir bu deux coupes de vin doux que leur servirent au stade de jeunes athlètes prêts à défiler. Mais, au lieu de rentrer chez elle, Héléna attendit qu'Alexandros eût quitté la rue du stade pour le suivre. Elle se faufila entre les passants égrillards qui dansaient et chantaient au milieu des silènes et des satyres. Puis elle emprunta les mêmes rues que le Macédonien, longeant les murs à une distance raisonnable afin de ne pas éveiller l'attention. Les propos de ses parents avaient soulevé sa curiosité. Elle souhaitait en savoir plus sur ce garçon qui venait de Macédoine, mais était né à Alexandrie et qui ne lui était pas indifférent.

Alexandros rentra directement chez lui. Il était un peu las du tumulte extérieur, d'autant qu'il n'avait pu qu'apercevoir le roi pendant que les poètes Théocrite et Callimaque déclamaient en son honneur deux hymnes récemment écrits et il s'interrogeait déjà sur la manière dont il pourrait l'accoster le lendemain. A sa grande surprise, Néferet l'attendait chez lui. Elle était assise devant le coffret contenant les reconnaissances de dettes qu'elle brandissait à bout de bras.

Du coin sombre où elle se trouvait, Héléna décela, à la lumière de la lampe, deux corps qui se faisaient face. Elle reconnut sans peine Alexandros et Néferet, nue, tenant dans sa main des rouleaux de papyrus. La jeune femme en éprouva quelque dépit et beaucoup de jalousie, sentiment qui lui était jusque-là étranger. Alexandros ne lui avait rien promis, mais leur amitié lui avait laissé espérer une autre conclusion.

Des deux côtés de la rue, les commerçants fermaient enfin leurs boutiques, ouvertes plus longtemps qu'à l'ordinaire à l'occasion des fêtes. Le bijoutier, qui vendait des effigies de Sérapis et de minuscules Isis d'or hellénisées, avec leurs cheveux en boucles étagées, leurs sistres et leurs cornes d'abondance, la pria de s'éloigner un peu pour lui permettre de fermer sa boutique.

– On ne sait jamais, s'excusa-t-il. Quand ils sont gais, les Alexandrins sont capables de tout et je ne voudrais pas me retrouver ruiné pendant les fêtes en l'honneur de Dionysos.

– Certainement, lui répondit Héléna, sans détacher son regard de la fenêtre d'Alexandros. Ne vous préoccupez pas de moi.

Le bijoutier suivit son regard.

– Votre mari ? demanda-t-il, amusé.

Mais les yeux sombres d'Héléna le persuadèrent de ne pas insister. Il rangea soigneusement ses figurines en bronze et en faïence à l'intérieur de sa boutique et ôta avec précaution de ses étals ses représentations du Nil, des vieillards barbus à demi nus, couronnés de roseaux, tenant une corne d'abondance, entourés de seize enfants figurant le nombre idéal de coudées que devait atteindre le fleuve pour féconder la terre d'Égypte.

Tout en s'activant, l'homme observait furtivement Héléna. Dans l'encadrement de la fenêtre, les deux silhouettes ne lui avaient pas échappé. Il avait clairement vu un homme tenter d'arracher un document des mains d'une femme nue.

Alexandros tendit une nouvelle fois le bras vers Néferet.

– Rends-moi ces documents. Tu n'obtiendras rien en agissant de la sorte.

– Ainsi donc tu es bien venu à Alexandrie pour te venger ! Rassure-toi. Je ne te dénoncerai pas et je ne parlerai à personne de ces reconnaissances de dettes. Au contraire, je suis prête à t'aider.

– Tu me crois l'assassin de ton père et tu es prête à m'aider ?

– Oui. Cela t'étonne ?

Elle colla son corps contre le sien et tenta de l'embrasser. Alexandros s'écarta.

– Tiens, voilà tes reconnaissances de dettes !

– Ne te vexe pas, Néferet, et assieds-toi. Je vais t'expliquer.

Il entoura ses épaules de la tunique qu'elle avait abandonnée sur sa couche et lui tendit sa ceinture tressée.

– Quand j'ai découvert ces reconnaissances de dettes, j'ai cru comme toi que l'un de ces hommes était l'assassin de ma famille. A présent, je pense même qu'ils ont tous trois comploté ensemble pour tuer mon père.

– Et tu as commencé par éliminer mon père. C'est la raison de ta venue chez nous…

– Laisse-moi finir. Je ne peux nier avoir eu l'intention de tuer ces hommes mais je n'ai pas assassiné ton père Je ne crois pas non plus qu'il s'agisse de Sethnacht

– Sethnacht a été relâché aujourd'hui même sans avoir été interrogé plus loguement.

– Peut-être cette mort n'est-elle finalement qu'un accident

Néferet s'enveloppa dans sa tunique qu'elle plissa avec habileté.

– Ne dis pas de telles absurdités, Alexandros. Je sais qu'il s'agit d'un crime.

– Admettons. Mais je n'en suis pas responsable.

Néferet le scruta pour tenter de découvrir s'il disait vrai.

– Comment comptes-tu agir avec les deux autres ? Zénodote et Apollônios sont des proches du roi et ils sont puissants. S'ils disparaissent, le roi ordonnera une enquête Je connais notre souverain.

Comme Alexandros ne répondait rien, Néferet lui fit une proposition

– Accepte mon aide Je suis à tes côtés.

Le Macédonien hésita.

– Soit, finit-il par répondre Mais laisse-moi réfléchir sur la conduite à suivre. Maintenant, rentre chez toi et n'agis pas contre la volonté des dieux. Néferet fit une dernière tentative pour séduire Alexandros.

– Je n'aurais pas dû me laisser aller de la sorte. Dionysos m'a poussé à boire du vin plus que de raison.

– Le regrettes-tu ?

– Je ne regrette rien, ou seulement le fait que mon attitude a pu te donner de faux espoirs.

– En es-tu persuadé ?

– Cela ne fait aucun doute pour moi. Je ne voudrais pas que tu prennes pour de l'amour ce qui ne fut qu'une faiblesse passagère.

– Ne t'ai-je pas provoqué ?

Alexandros la poussa délicatement vers la porte.

– N'en parlons plus, dit-il.

Néferet fit une moue et sortit en se jurant de reconquérir le Macédonien.

– Tout n'est pas perdu, je le sais, murmura-t-elle. Tu as cédé une fois, Alexandros. Je suis assez habile pour t'embarquer une autre fois sur les eaux tranquilles du Nil vers le pays de l'amour.

Si aucun de leurs gestes n'avait échappé à Héléna, la jeune femme se demandait quels avaient pu être leurs propos. Elle avait compris ce que Néferet était venue chercher en vain et observé la manière dont Alexandros l'avait éconduite. Mais pas un mot de leur conversation ne lui était parvenu.

Quand Néferet passa devant elle, elle se retourna et fit mine d'aider le bijoutier puis elle la suivit comme elle l'avait fait avec Alexandros. Bien que la nuit fût tombée, une foule joyeuse chantait encore, disposée à passer la nuit à veiller et à rire. Néferet croisa une bande de jeunes gens déguisés en satyres qui la poursuivirent un moment. Héléna jugea bon de les éviter en faisant un détour.

Néferet s'apprêtait à entrer dans la propriété de Tousert quand une lionne surgit de la nuit. Sa crinière rousse resplendit sous les feux de la lune et l'animal poussa un rugissement terrible. Héléna en resta pétrifiée.

– La lionne du char de Dionysos, murmura-t-elle, atterrée.

En entendant ce rugissement derrière elle, Néferet se retourna. Elle crut d'abord à une farce et sourit. Avant qu'elle n'ait eu le temps de comprendre, la lionne était sur elle. Héléna se cacha le visage dans ses mains, puis se précipita vers le corps étendu à terre de Néferet en appelant de l'aide. Alexandros accourut et chassa l'animal.

– Toi ici ? s'étonna Héléna.

– Oui. J'étais précisément ressorti pour parler à Néferet.

– Tu la suivais ?

– Comment le sais-tu ?

– J'ai tout vu, reconnut Héléna qui poussa un cri devant le visage lacéré de Néferet.

– Ne reste pas ici, Héléna, dit le Macédonien en plaçant sa chlamyde rouge sur le corps de l'Égyptienne. Néferet est morte.

16

– Allons, mon garçon, je crois que tu es fait !

Un Grec chargé de la sécurité de la ville pendant les fêtes plaça sa main sur l'épaule d'Alexandros comme s'il venait d'arrêter un assassin.

– Je vous ai vu suivre cette jeune femme et vous précipiter vers elle. Je n'ai, hélas ! pu empêcher le massacre. Nous devons maîtriser ce lion, ajouta-t-il à l'adresse de l'un de ses collègues. Appelle du renfort !

– Mais c'est une erreur ! s'exclama Héléna en s'interposant. Moi aussi j'ai tout vu ! Vous ne pouvez accuser Alexandros. Ce lion ne lui appartient pas. Il s'est échappé d'un char…

– Précisément. Mais il ne s'est pas détaché tout seul. Or votre ami… C'est bien votre ami, n'est-ce pas…

Héléna opina :

– Oui, mais...

– Eh bien ! j'ai vu de mes propres yeux votre ami près du char où était attachée cette lionne.

– Moi aussi ! s'exclama l'un des satyres qui avait ôté son déguisement. Cet homme rôdait près des chars et se dissimulait derrière eux pour mieux suivre cette malheureuse femme. Puis la lionne a subitement sauté hors du char. Elle était libre. J'ai eu la peur de ma vie ! Elle a foncé sur moi avant de se jeter sur la victime !

Le policier retint le témoin quelques instants et lui demanda où il habitait.

– Nous aurons peut-être besoin de votre témoignage, lui dit-il. Tenez-vous prêt à coopérer.

Le témoin acquiesça en regardant la chlamyde d'Alexandros qui recouvrait le corps de Néferet. Le manteau s'imbibait de sang.

– Qui est la victime ? demanda-t-il.

– Néferet Tousert, répondit Alexandros qui jusque-là était resté passif.

– Vous la connaissiez ? interrogea le policier.

– Oui.

– N'est-ce pas son père qui est mort avant les fêtes ?

– Si.

Comme Héléna tentait de se faire entendre, le policier l'interrompit.

– Pour moi, l'affaire est simple. Le peuple jugera. Au mieux, cet homme sera chassé de la ville sans être jugé.

– Jamais la mère de Néferet ne portera plainte

contre Alexandros ! s'exclama Héléna, choquée, en tremblant.

– Dans ce cas, je trouverai bien un Alexandrin prêt à déposer plainte auprès d'un magistrat contre un homme aussi néfaste. Ce ne sera peut-être pas nécessaire puisqu'il y a flagrant délit.

– Exécute-le donc ! clama son collègue en plaçant un couteau sous la gorge d'Alexandros.

– Non ! Laissez-le ! protesta Héléna. Vous êtes devenus fous ! Alexandros est un savant. Il travaille à la bibliothèque royale sur une histoire de la Grèce. Il est ici l'hôte du roi en personne !

Le policier regarda Héléna avec scepticisme.

– Tout cela ne me semble pas clair. Pourquoi suivait-il donc cette pauvre femme ?

– Mais parle, Alexandros ! insista Héléna.

Le Macédonien parut sortir de sa torpeur.

– Excusez-moi. La mort de Néferet m'a bouleversé. Cette jeune femme était si pleine de vie, si belle ! Et tout s'est passé si vite. Nous venions précisément de nous parler. Elle s'était rendue chez moi.

Héléna se pinça les lèvres.

– Oui, précisa Alexandros devant l'intransigeance du policier. J'habite un appartement que son frère, Sethnacht, a mis à ma disposition. Sethnacht est devenu un ami et Néferet…

– Néferet ?

– Néferet aussi.

Héléna baissa les yeux et parut soudain bouleversée.

- Vous aussi, vous connaissiez sans doute la victime ? lui demanda le policier, peu convaincu.

- Bien sûr. Qui à Alexandrie ne connaissait pas Néferet Tousert, la fille du grand marchand de vin ? Elle ne laissait personne indifférent. Surtout pas les hommes.

Afin que le policier n'allât pas imaginer une histoire de jalousie amoureuse, elle ajouta aussitôt :

- Et la voilà maintenant étendue là. Quelle fin atroce !

D'autres policiers arrivèrent en courant.

- L'animal a été encerclé dans les jardins du palais. Nous allons lancer sur lui des flèches empoisonnées afin qu'il meure selon le souhait des dieux. Il ne saurait rester en vie après avoir tué un homme !

- Voilà l'affaire réglée...

Alors que Héléna tentait de s'opposer une dernière fois à l'arrestation d'Alexandros en clamant qu'il s'agissait d'une terrible erreur et que Diké, la déesse de la Justice, vengerait Alexandros si les hommes le déclaraient coupable, la mère de Néferet fit irruption et se jeta sur le corps de sa fille.

L'assistance se tut en respectant la douleur d'une mère. Elle sanglota longtement sans que personne ne l'aidât à se relever. Puis les femmes présentes commencèrent à se lamenter et à se frapper la poitrine, joignant leurs pleurs à ceux de la mère de Néferet que tous observaient dans le plus grand silence. Elle leva soudain les yeux vers ceux qui l'entouraient et réclama de l'aide.

– Relevez-moi, supplia-t-elle. La douleur est trop forte. Pourquoi le destin est-il si impitoyable ?

– Le corps de Néferet a quitté la terre, mais son âme vit encore parmi nous. Tu pourras lui offrir des offrandes pour la satisfaire, lui dit un Alexandrin. Ce sera là un baume pour ta douleur.

La mère de Néferet éclata de nouveau en sanglots. Mais, en levant les yeux, elle poussa un cri terrible en pointant son doigt sur Alexandros.

– Cet homme a tué mon époux ! Il traîne la mort avec lui ! Il parle aux plantes et aux animaux pour les lever contre nous. Prenez garde ! Ma fille est morte à cause de lui !

Les Alexandrins, excités par ces paroles et par le vin qu'ils avaient bu en abondance, se retournèrent soudain vers Alexandros, la mine redoutable.

Héléna se plaça devant lui, bras écartés, faisant de son corps un rempart contre la foule menaçante.

– Arrêtez, fous que vous êtes ! Je suis la fille du très honorable Zénodote et je jure, par tous les dieux de l'Olympe, qu'Alexandros est innocent. J'en ai la preuve !

– Nous verrons bien, conclut le policier en l'écartant et en emmenant Alexandros.

Le Macédonien passa la nuit dans une cellule minuscule qui sentait le moisi. A l'aube, il n'avait encore vu personne, à l'exception du geôlier qui l'avait enfermé sans ménagement dans cet antre infesté de rats et qui lui avait servi une infâme bouillie d'orge dans une coupelle crasseuse. Il avait faim. Il se sentait sale et las car il n'avait pas dormi, guettant le moindre bruit, espérant qu'on viendrait à tout instant le libérer. Il se croyait à présent abandonné de tous.

« Si seulement je pouvais prévenir mon oncle. Mais comment faire ? Comment lui envoyer un message ? Tous les Alexandrins paraissent ligués contre moi ! Que leur ai-je donc fait ? Mon oncle avait raison : je n'aurais jamais dû venir ici. »

Puis il s'encourageait, se traitait lui-même de lâche et jurait de se venger de ses ennemis et de ceux qui entravaient son enquête.

« Aidez-moi, Isis, Artémis et Déméter ! Aidez-moi, vous qui protégez la famille et le foyer, vous qui faites respecter la justice ! »

Mais aucun pas ne venait troubler le silence de sa geôle. Bientôt, un rayon de lumière filtra par la minuscule ouverture de sa cellule. Il plia en quatre la couverture qui lui servait de lit et tenta en vain d'atteindre cette petite fenêtre située près du plafond où couraient araignées et cafards sans doute peu habitués à voir ainsi troublée leur solitude.

« Je me demande où je suis, se dit-il. Impossible de regarder par cette maudite fenêtre ! Je ne connais rien des cachots de la ville. Suis-je donc dans les sous-sols du palais ? »

Alexandros réfléchit aux propos des policiers qui l'avaient enfermé. Leur fonction les obligeait à établir un rapport à leur supérieur, l'astynome. Celui-ci consulterait sans doute un nomophylaque et un thesmophylaque, tous deux jouant un rôle essentiel dans les procédures judiciaires. Or ces fonctionnaires travaillaient peut-être pour le dioécète. Apollônios ne pouvait l'abandonner ainsi.

« Justement, se dit-il en se lamentant davantage. S'il est complice ou, qui sait, responsable du meurtre de mon père, Apollônios verra là une excellente occasion de se débarrasser de moi. Je suis perdu ! »

Puis il se ressaisit une nouvelle fois.

« Après tout, Apollônios n'a aucune raison d'être informé de mon arrestation. Il n'est pas grand juge d'Alexandrie ni archidicaste. Il n'est pas chargé de la surveillance des tribunaux ! Alexandrie possède ses jurés, son introducteur des causes, ses arbitres publics et ses tribunaux avec ses secrétaires. Hélas ! l'archidicaste est un fonctionnaire royal et Héléna a eu la maladresse d'affirmer que j'étais l'hôte du roi. La police enquêtera d'abord sur ce point essentiel. Décidément, je suis bel et bien perdu ! »

Quels que fussent ses raisonnements, Alexandros en revenait toujours au dioécète et au roi, dont le pouvoir législatif était absolu et qui donnait directement ses ordres à l'archidicaste. Le Macédonien se demandait toutefois s'il serait jugé par des laocrites[1] ou par les chrématistes auxquels Ptolémée avait donné la mission de juger les Grecs. Il se désespérait en se rappelant le cas bien connu d'Hermias.

« Par tous les dieux ! Pourvu que ce procès ne dure pas aussi longtemps que le sien ! Hermias est

1. Juges indigènes.

passé devant les chrématistes, les stratèges, les épistratèges et les épistates du nome[1]. Son procès a duré dix ans ! »

Le Macédonien frémit en songeant que le dioécète avait le pouvoir de déléguer un chrématiste et de lui dicter à l'avance la sentence.

« Du calme ! Il ne s'agit pas ici d'une affaire de fraude fiscale. »

Le silence devenait de plus en plus pesant. Des gouttes d'eau tombaient à intervalles réguliers dans la galerie. L'humidité lui pénétra les os. Il se rendit compte que sa tunique était déchirée à maints endroits.

« La police ne m'a pas ménagé. Me voilà vêtu comme un mendiant. Si mon oncle me voyait, lui qui a toujours surveillé ma mise ! Je crois que le pauvre homme en mourrait ! Après tout, il vaut peut-être mieux qu'il ne soit pas informé de mon infortune. »

Une blanche clarté, insolite, promenait son évanescent faisceau sur les murs gris et suintants de la cellule. Les yeux d'Alexandros, habitués à l'obscurité, cillèrent. Il se dégageait de ces poussières de soleil un lumineux flot de vie, presque indécent, qui cherchait à violer un espace interdit.

Le regard du Macédonien s'accrocha à cette lueur d'espoir. Tout à la fois fasciné et fatigué, Alexandros

1. Les épistates étaient des délégués du roi à l'intérieur d'un nome. La vallée du Nil était divisée en nomes ou régions, elles-mêmes subdivisées en arrondissements.

s'assit à terre et finit par fermer les yeux. Il s'assoupissait quand un grand bruit le réveilla.

– Allons, debout mon garçon ! Vous êtes libre !

Alexandros crut rêver.

– Libre ? marmonna-t-il en refermant les yeux qu'il avait à peine ouverts.

– Oui, libre et avec des excuses encore !

– Mais qui êtes-vous ?

– Peu importe. Je suis un fonctionnaire du palais attaché à la justice et j'ai reçu l'ordre d'examiner votre cas. Ne craignez rien. Tout est arrangé. Héléna Zénodote a été écoutée. Vous êtes innocenté.

Alexandros se releva avec difficulté.

– Excusez ma tenue. Je ne suis guère présentable.

– Et c'est bien là notre faute !

– Je peux sortir ?

– Mais oui !

– Est-ce déjà l'heure du défilé ?

– Oh ! Il est très tôt. Si vous souhaitez assister aux épreuves gymniques, vous avez tout le temps de vous préparer. Je crois que ce serait en effet une excellente manière de vous changer les idées.

– Le roi y assistera-t-il comme il l'a annoncé ?

– Notre souverain ne manquerait pour rien au monde un tel spectacle.

– Parfait !

Alexandros franchit la porte de sa cellule.

Au fond d'une galerie sombre et voûtée apparaissait une vive clarté qui l'éblouit.

– C'est par ici, l'encouragea le fonctionnaire. Suivez-moi.

– A-t-on arrêté le coupable ?

– Quel coupable ?

– La femme qui a été tuée était une amie. Néferet était la fille de Tousert, le marchand de vin…

– Je sais. Mais le véritable coupable n'était-il pas l'animal ? Le fauve a été abattu et jeté dans une fosse où il pourrira.

– Et… c'est tout ?

– Je n'en sais pas plus. Allons ! Si vous souhaitez vous reposer avant d'assister à l'hippodrome aux concours en l'honneur de Dionysos, vous devez rentrer chez vous au plus tôt.

Alexandros suivit le sombre couloir où étaient alignées de nombreuses cellules vides. Il redouta soudain que cette libération ne fût un piège et qu'à la sortie ne l'attendît une cohorte de soldats prêts à le tuer sous prétexte qu'il s'était enfui. La fatigue et la faim troublaient son jugement.

Une grille de fer fermait l'extrémité du passage voûté qui donnait dans un jardin public proche de l'hippodrome.

– Voilà ! dit le fonctionnaire en le devançant pour ouvrir la grille.

Alexandros fut surpris de se retrouver au milieu de fleurs et de bosquets égayés par de multiples chants d'oiseaux.

– Bon courage ! lui glissa le fonctionnaire sans lui donner plus d'explications. Peut-être nous reverrons-nous un jour prochain au palais.

Alexandros le salua, l'air égaré, et rentra par le chemin le plus court en évitant de croiser des

Alexandrins susceptibles de le reconnaître. Il déchira même un pan de sa tunique et en recouvrit sa tête.

– Au point où j'en suis.. Je passerai de toute façon pour un clochard. Mieux vaut que l'on ne reconnaisse pas mes traits, sinon, après avoir été traité d'assassin, je serai bientôt la risée de toute la ville.

17

Alexandros éprouva beaucoup de difficultés à rentrer chez lui. Il boitait et ressentait une profonde douleur dans le dos qui lui rappela que les policiers ne s'étaient pas contentés de l'arrêter…

Il trouva avec joie sa porte non verrouillée et comprit qu'Héléna était venue l'ouvrir le matin même.

– Sinon qu'aurais-je fait ? On m'a tout pris et l'on ne m'a rien rendu. Quelle étrange affaire et quelle rapide libération !

Mais Alexandros était trop las pour s'interroger davantage. Il s'étendit sur sa couche tout habillé et s'endormit aussitôt. Ce fut une grande agitation mêlée d'exlamation de joie qui l'éveilla. Il se précipita à sa fenêtre. Alexandrins et étrangers venus de tous les horizons, plus nombreux encore que la veille, défilaient en chantant, en dansant et en lançant des fleurs vers le ciel. La foule se dirigeait vers l'hippodrome.

– Par tous les dieux ! j'ai dormi trop longtemps. Je voulais arriver avant eux.

Alexandros prit un bain rapide, trempa ses pieds dans une cuvette à trois pieds en forme de griffes de lion et se frotta vigoureusement la peau avec une pâte peu consistante. Puis il se drapa dans une tunique courte qui laissa l'une de ses épaules nue. Il la retint à la taille par une ceinture et la fixa sur son épaule par une fibule. Son premier souci était de se rendre au plus tôt chez Zénodote pour remercier Héléna et l'emmener à l'hippodrome.

– Je t'attendais, lui dit Héléna. Mon père est déjà parti. Je savais que tu viendrais.

– N'avions-nous pas prévu d'aller ensemble à l'hippodrome ?

Héléna poussa un soupir de soulagement.

– Je voulais te remercier. Sans toi, je crois bien que je serais mort.

Sur le chemin qui les menait à l'endroit où les meilleurs cavaliers devaient se mesurer, Héléna confia au Macédonien combien il lui avait été difficile de se faire entendre.

– C'est insensé ! Zénodote est l'un des plus honorables citoyens d'Alexandrie et personne ne semblait faire confiance à sa fille. J'ai demandé une entrevue à Apollônios qui a d'abord refusé de me recevoir ! Même mon père ne voulait rien entendre, lui qui est si juste. Je ne le reconnais plus. Il est encore parti armé pour l'hippodrome, comme s'il craignait qu'on ne l'assassinât lui aussi. Cette ville serait-elle soudain prise de folie ?

Alexandros l'écoutait sans manifester la moindre surprise.

– Apollônios a-t-il fini par te recevoir ?

– J'ai forcé sa porte pendant la nuit ! Il m'a fallu déclencher au palais un véritable scandale pour qu'il devînt enfin raisonnable !

Alexandros ne reconnaissait plus la jeune femme timide et réservée qu'il avait rencontrée à son arrivée. Héléna semblait animée d'une passion qui lui insufflait un courage que nul n'aurait soupçonné sous une enveloppe aussi délicate.

– Tu as pris des risques considérables, Héléna. Le dioécète est un homme tout-puissant qui aurait pu te faire emprisonner.

– Et sous quel prétexte ?

– Les prétextes ne manquent pas lorsqu'on les cherche. Mieux vaut ne jamais se heurter ainsi aux premiers personnages de l'État. Jure-moi que cela ne se produira plus.

Héléna hocha la tête sans conviction.

– J'espère surtout qu'Apollônios ne se vengera pas sur père.

– Je suis presque sûr qu'il n'en fera rien, la réconforta Alexandros.

Alexandros ressentit une violente émotion en se rapprochant du lieu de la fête. De toutes les rues de la ville convergeaient des milliers de spectateurs vêtus d'habits bariolés, qui portaient des couronnes de fleurs.

Aux abords de l'hippodrome, on achetait aux marchands, installés là pour la durée des fêtes, des friandises, des gâteaux et des coussins. Des policiers tentaient de mettre un peu d'ordre dans la circulation en contraignant les chars à s'aligner plus loin en file indienne. Il leur fallait passer une étroite porte de pierre avant de contourner l'hippodrome.

Alexandros et Héléna furent bientôt arrêtés par un embouteillage.

– Viens, passons par le haut, conseilla Alexandros. Si tu savais comme il est bon de voir ces hommes se chamailler ! Ce matin, je croyais bien ne pas revoir cela de sitôt !

Ils escaladèrent la colline contre laquelle était adossée une partie des gradins de l'hippodrome.

– J'ai oublié les jetons d'entrée ! s'exclama Alexandros.

– Les concours sont gratuits aujourd'hui, répondit Héléna.

– Tu vois combien cette aventure me fait perdre la tête ! Et je ne t'ai même pas remerciée comme j'aurais dû le faire.

Il serra la main de la jeune femme dans la sienne et la porta à ses lèvres. Elle était brûlante.

– Je te dois beaucoup.

– N'en parlons plus. J'aurais seulement préféré que tu n'aies jamais eu de relations avec cette femme. Néferet était connue à Alexandrie et...

– Que sais-tu au juste ?

Héléna hésita.

– Je vous ai vus hier. Elle t'attendait chez toi...

– Tu m'as donc suivi dès que nous nous sommes séparés ?

– Oui, reconnut Héléna en baissant les yeux. Je l'avoue, à ma grande honte.

– Relève la tête, Héléna. N'aie pas honte d'un acte qui m'a sauvé la vie ! Les dieux ont sans doute guidé tes pas et tes pensées car je te crois incapable autrement d'une telle indélicatesse.

– Tu es indulgent, Alexandros.

– Non, lucide. Je commence à te connaître et je te sais aussi incapable d'un acte répréhensible que Néferet était capable du pire.

– Et pourtant…

– Et pourtant, je me suis laissé séduire par elle. C'est vrai. Je ne puis te donner d'explication…

Héléna lui mit un doigt sur la bouche.

– Tu ne me dois aucune explication. Pourquoi te justifier ? Je ne suis ni ta femme ni ta mère. Tu es libre d'aimer qui bon te semble.

Alexandros sourit car il devinait qu'Héléna s'interrogeait cependant sur son attirance pour Néferet, qu'elle réprouvait.

– Je pourrais, certes, te laisser dans l'ignorance, mais j'estime que je te dois la vérité. Je ne puis malheureusement tout te raconter. Sache seulement que je n'aimais pas Néferet comme un homme peut aimer une femme.

– Néferet était attirante et aguichante.

– Je le reconnais. Mais cela importe peu. Je devais surtout mieux la connaître, elle et sa famille. Car je suis venu à Alexandrie pour étudier et pour écrire, mais aussi pour mieux comprendre mon passé. Je cherche à savoir pourquoi mes parents ont été tués et par qui. Je ne t'en révélerai pas davantage. Sache seulement que mes recherches m'ont conduit chez la famille Tousert, que le jour même où je comptais faire la connaissance d'Iyi Tousert, celui-ci a été assassiné et que Néferet s'apprêtait à m'aider quand elle a été tuée.

– Quelqu'un chercherait-il à entraver ton enquête ?

Alexandros se garda bien de révéler à Héléna l'existence des reconnaissances de dettes mettant en cause son propre père.

– Je n'en sais pas plus. Quelqu'un cherche à me faire accuser ou emprisonner pour que je quitte la région, contraint et forcé. J'avoue ne plus comprendre.

Héléna ne chercha pas à en apprendre davantage.

– Cependant, Néferet était nue... murmura-t-elle en conclusion.

Alexandros fit mine de ne rien avoir entendu.

– Viens, asseyons-nous ici, dit-il. Les Alexandrins commencent à envahir les gradins par les portes du bas. Plaçons-nous au bout. Nous verrons ainsi les chars tourner autour des stippes.

– Je croyais que tu voulais voir le roi. Il sera placé là-bas, dans la tribune du milieu, près du prêtre de Dionysos et des juges.

– Je voulais surtout le rencontrer...

– Ce sera difficile avec tout ce monde. Il arrive toujours au dernier moment et repart le premier avec son escorte. Je doute qu'il accepte de te parler, car il lui faudrait alors accorder audience à d'autres Alexandrins, ce qui serait sans fin. Ptolémée a pour règle de ne pas faire d'exception.

– Tu as raison. Rapprochons-nous de la tribune. Nous verrons bien.

Alexandros et Héléna descendirent l'escalier qui desservait les gradins et s'assirent deux rangs au-dessus de la tribune en pierre où siégeaient les personnalités.

Les gradins furent bientôt envahis si bien que les Alexandrins se répandirent sur les flancs de la colline pour s'asseoir à même le sol. L'hippodrome avait été nettoyé et fleuri. De grands oliviers ombrageaient les derniers arrivés, habitués à ces places de choix, qui surplombaient la piste. Tous avaient apporté leur coussin avec eux, transformant ainsi la colline verdoyante en un immense damier multicolore.

Quand ils eurent sacrifié aux dieux et prêté serment de respecter le règlement des concours, les juges encadrant le prêtre pénétrèrent dans l'hippodrome par la porte centrale en pierre. Des trompettes annoncèrent l'arrivée du roi.

Une forte odeur de viande grillée se répandit dans les gradins.

– Les sacrifices sont terminés, dit Alexandros à Héléna. La mine des juges laisse augurer une excellente journée. Les bêtes devaient être nombreuses et jeunes. La divinité en sera satisfaite. Elle favorisera le déroulement des concours. Quant aux vérifications d'usage, elles ont été réalisées avec une rapidité stupéfiante.

– Cela se déroule toujours ainsi à Alexandrie, dit Héléna en criant pour se faire entendre tant la foule, enthousiaste, était bruyante.

– En Macédoine, les juges démasquent lors de chaque concours des adultes inscrits dans les épreuves juniors, des repris de justice ou des esclaves qui n'ont pas le droit de s'inscrire aux jeux ni d'y participer. L'an dernier, un homme s'est même coiffé d'une perruque pour rivaliser avec des femmes et l'emporter. Il a été démasqué au dernier tour lorsque sa perruque a été emportée lors d'un arrêt brutal de ses chevaux effrayés par un feu de broussailles.

Héléna éclata de rire.

– Décidément, vous autres, Macédoniens, vous n'êtes pas comme les autres...

Les juges n'étaient pas plus tôt assis dans la tribune qui leur était assignée que le roi entra dans l'hippodrome, escorté de ses gardes du corps.

Chacun se leva pour l'acclamer et contempler sa robe de cérémonie, car Ptolémée avait la réputation d'être attentif à sa mise.

Alexandros fut surpris de découvrir un roi hellène portant avec majesté tous les attributs des pharaons égyptiens.

– Et pourtant, le souverain d'Alexandrie ne parle guère la langue de ses sujets...

– Ses sujets ne sont-ils pas grecs avant d'être égyptiens ? Oublierais-tu, Alexandros, qu'Alexandre le Grand fut, lui aussi, pharaon et que Ptolémée Philadelphe ne le serait pas aujourd'hui sans le passage de son illustre aîné en Égypte ?

– Comment l'oublier ? Mais il me semble aujourd'hui applaudir Ramsès II plutôt que Ptolémée le Grec.

Le souverain s'avança au centre de l'hippodrome pour recevoir les délégués des cités, puis il prit place avec ses enfants devant les juges. L'instant devint plus solennel encore car les athlètes s'apprêtaient à entrer dans l'hippodrome par la porte empruntée par les juges, celle qui était refusée aux simples spectateurs.

Les Alexandrins n'oubliaient jamais que les concours étaient organisés en l'honneur de Dionysos, ascendant de Ptolémée, et que les athlètes se produisaient aussi selon la volonté divine.

Les premières courses de quadriges et de biges devaient être accomplies par des hommes. Vêtus d'une longue tunique drapée qui leur arrivait aux chevilles, les cochers montèrent dans la caisse du char après avoir bu dans une coupe de vin et proclamé en regardant le ciel : « Je bois en l'honneur de Dionysos ! » Puis ils disposèrent leurs chars devant la ligne de départ. Ils avaient eux-mêmes tiré au sort leur place au moyen de fèves juste avant leur entrée dans l'hippodrome. Ensemble, ils formaient le dessin de l'extrémité d'une flèche gigantesque ou d'un triangle aux couleurs de leurs écuries respectives. Les riches propriétaires des attelages, qui avaient payé l'or des harnais, l'entraînement des cochers et le transport des chars, avaient leur place assignée aux tout premiers rangs, près de l'entrée principale. Tous pouvaient apprécier la manière dont les cochers traitaient leurs chevaux et observaient leur attitude au départ. Les cochers tenaient en effet les rênes d'une main, un fouet de l'autre. La plupart avaient ôté leurs sandales pour ne pas glisser dans le caisson du char.

Toutes les fois qu'il assistait à des épreuves gymniques, Alexandros ne pouvait pas ne pas se souvenir de ses lectures d'écolier, à l'époque où le grammatiste lui enseignait Homère. Ces courses lui rappelaient tant de récits épiques dans lesquels les héros homériques s'affrontaient dans des concours de chefs dignes des futurs athlètes olympiques, le plus souvent pour honorer la mémoire d'un chef défunt. Et ces couronnes en or, ces trépieds d'argent, ces bêtes qui attendaient les vainqueurs lui rappelaient ces femmes ou ces talents d'or qu'Achille offrait aux meilleurs athlètes, trois cents ans plus tôt.

Son oncle avait été si attentif à faire de lui un homme robuste, à l'intelligence accomplie, avec un esprit sain dans un corps sain, digne des anciens Athéniens.

– Je veux que tu aies des maîtres dignes de ceux d'Achille, aussi bons pédagogues que l'était le mythique Chiron, lui disait son oncle, intransigeant. Je veux que tu saches combattre et te défendre comme savaient le faire autrefois les Mycéniens qui étaient capables de lutter contre des bêtes sauvages dès l'âge de douze ans et qui n'hésitaient pas à traverser une rivière d'eau glacée à treize ans. Intransigeance et générosité, tels étaient leurs maîtres mots !

Je veux aussi que tu sois capable de supporter la douleur comme les jeunes gymnopédistes de Sparte qui luttaient sous le soleil brûlant dès l'âge de onze ans sans jamais se plaindre afin de me donner un jour des petits-neveux solides. Je veux que tu saches défendre ton pays et que tu deviennes un excellent chasseur comme tous les nobles de cette région.

« Ah ! Mon brave oncle, se dit Alexandros. Que serais-je devenu sans toi ? »

– Sais-tu, Héléna, comment mon oncle voulait m'appeler ? Hippocrate. Car il disait toujours qu'il faut avoir dans son prénom le nom du cheval, *hippos*, pour « faire noble ».

Héléna l'invita en riant à se taire car la course était sur le point de commencer. Mais Alexandros restait perdu dans ses pensées. Il songeait à l'époque où, adolescent, il partait chez son maître de gymnastique, l'alabastre pleine d'huile à la main. Il se revoyait à la palestre, s'entraînant à la lutte et à la boxe avec ses camarades aux sons du hautbois, nu, un petit bonnet en peau de chien sur la tête, la peau couverte d'huile et de sable.

Il se souvenait de ces pénibles séances de bain qui suivaient l'entraînement alors qu'un esclave lui raclait la peau avec un strigile pour lui ôter cet amas de poussière et de sable qui l'avait protégé du soleil en facilitant les prises de ses adversaires. Il était si doué que son oncle rêvait de faire de lui un enfant pythique qui aurait concouru dans le stade de Delphes pendant que ses camarades apprenaient la musique. Que de temps avait-il passé dans les salles de lecture de la palestre, dans la bibliothèque, contemplant entre deux études les bustes d'Hermès ornant la cour où il s'entraînait chaque jour !

Quand un maître de gymnastique avait cherché à convaincre son oncle de l'envoyer à Olympie, Alexandros s'était soudain souvenu des mises en garde de Platon et d'Aristote contre les dangers pour l'esprit d'un entraînement sportif intensif.

Son oncle avait accepté ses choix. Alexandros serait avant tout un savant, même s'il avait un moment été tenté par la carrière olympique qui lui eût apporté, ainsi qu'à sa famille, des honneurs et des privilèges exceptionnels.

Le Macédonien ne pouvait donc rester insensible aux concours gymniques qui bouleversaient les cœurs les plus intraitables. Au-delà de la réussite, l'enjeu était divin et supérieur à l'entendement humain. Pourtant, si les yeux du Macédonien étaient fixés sur la piste éllipsoïdale que les chars s'apprêtaient à parcourir, ses pensées étaient ailleurs. A cet instant, il se demandait comment il pourrait venir à bout du puissant Apollônios et avec quelle arme il le tuerait.

18

Les deux premières courses venaient d'avoir lieu quand Héléna glissa à l'oreille d'Alexandros :

– Regarde ! Voilà le personnage que tu dois séduire si tu veux atteindre le roi.

Un homme, richement vêtu et paré de bijoux, vint s'asseoir derrière la tribune. Le roi se tourna vers lui et lui fit signe de la tête.

– Agnathos, souffla Héléna. Le conseiller du roi.

– Je croyais qu'il s'agissait d'Apollônios.

– Apollônios est un fonctionnaire officiel. Agnathos, lui, ne vit pas au palais mais le roi le consulte et l'écoute. Tous ceux qui souhaitent obtenir une faveur du roi doivent faire appel à lui. Il est en excellents termes avec Amyntas, l'intendant du palais. Le jeune frère d'Agnathos reçoit régulièrement les leçons d'Hiéroclès, le maître d'école du palais. Comme tu le devines, Hiéroclès est partisan de l'équilibre entre les études littéraires et l'athlétisme

– Assiste-t-il aux concours ?

– Oui, répondit Héléna en désignant un homme souriant et tranquille. C'est lui.

– Cet Agnathos a-t-il vraiment autant de pouvoir que tu le dis ?

– Plus encore. Au point qu'il put un jour se permettre de prêter à un pirate de l'argenterie enregistrée sur les inventaires de la vaisselle du palais et de passer des marchandises en fraude au péage de Memphis. Pour éviter de payer des droits sur des mulets achetés au Fayoum, il les a mêlés à ceux qui faisaient la liaison entre Philadelphie et Memphis pour le compte d'Apollônios qui est, bien entendu, exempté de taxes.

Autour d'eux les invitations au silence se multiplièrent. Héléna baissa la voix.

– Agnathos a su constituer un réseau d'amis qui le mettent en garde quand il dépasse la mesure. On raconte que, le mois dernier, Apollônios a découvert dans son coffre une erreur de comptabilité. Il y manquait dix talents et Agnathos ne serait pas étranger à cette disparition. Le culot de cet homme dépasse l'entendement.

– Je n aime guère ce genre d'individus.

– C'est pourtant un homme qu'il est bon de connaître. Tout comme Artémidoros, le médecin d'Apollônios, qui joue auprès du dioécète le rôle d'un favori. Le ministre trouve même le temps d'intervenir en personne quand il s'agit d'acheter une étable sur la terre qu'il lui a concédée à Philadelphie. Artémidoros est un homme sans grande envergure, qui fait sa joie des nouvelles especes d'aulx qu'il découvre

– Est-il honnête ?

– Oh ! oui. Plus qu'Agnathos !

Alexandros prit la main d'Héléna

– Décidément, tu m'es fort précieuse, Héléna

Alexandros demanda un morceau de papyrus à la jeune femme

– Où veux-tu que je prenne un morceau de papyrus ?

Alexandros lui désigna un scribe qui, au premier rang, prenait des notes sur la course

– Tu as plus de charme que moi, dit Alexandros en riant.

Héléna soupira et tenta de se glisser dans les rangs malgré les protestations des spectateurs. Elle revint bientôt avec un petit rouleau de papyrus.

Le roi, intrigué, avait suivi des yeux le manège de la jeune femme. Alexandros en profita pour le saluer d'un respectueux mouvement de la tête. Puis il traça quelques mots à l'adresse d'Agnathos à l'aide de son matériel d'écriture dont il ne se séparait jamais. Entre deux courses, il fit signe à un Alexandrin qui vendait des galettes d'approcher et de remettre le message à son destinataire.

La course que le roi attendait venait de commencer. Plus belle que jamais, Bilistiché, la chevelure au vent et la tunique relevée à hauteur du genou, faisait claquer son fouet au-dessus de la crinière de ses chevaux noirs. Son épaule droite délicatement découverte transformait cette femme en écuyère sensuelle et sauvage, semblable à Artémis chasseresse.

Pendant la course qui captivait tous les regards, Alexandros suivit des yeux son messager et surprit le mouvement étonné d'Agnathos qui regarda dans sa direction. Le Macédonien le salua et attendit sa réponse. Après quelques minutes, le marchand de galettes revint vers lui et lui susurra à l'oreille :

– C'est d'accord. Tout est arrangé.

Alexandros lui glissa quelques pièces dans la main puis observa la fin de la course. La maîtresse du roi se montrait pleine d'ardeur et de courage. « Elle ne devait attendre que la disparition d'Arsinoé pour s'imposer, se dit-il. Quelle femme qui court à cinquante ans comme à vingt ! »

Le public se mit debout pour saluer sa prestation qui fut couronnée d'or. Pendant que Bilistiché accomplissait un tour de piste au petit trot, Agnathos fit signe à Alexandros de le rejoindre.

– Voilà Alexandros dont je viens de vous parler, dit-il au roi.

– Ah ! Alexandros. Ce savant qui nous vient de Macédoine !

Enchanté par la victoire de sa maîtresse, le roi invita le Macédonien à pénétrer dans la tribune malgré le règlement. Il parut heureux de lui parler et s'adressa à lui en termes chaleureux et paternels. L'émotion du souverain toucha Alexandros.

« Si j'ai un jour besoin de sa miséricorde, peut-être pourrai-je me confier à lui », se dit-il.

– Êtes-vous satisfait de l'accueil que vous avez reçu à Alexandrie ?

Alexandros rassura le roi en précisant que son travail avait été facilité par l'aide de Sethnacht, le fils du défunt Tousert, et par Callimaque.

– Et qu'en est-il de l'avancement de vos recherches ?

– Je n'espérais pas obtenir si tôt des résultats.

– Notre bibliothèque est incomparable. Le roi de Pergame en meurt de jalousie !

Ptolémée était encore beau. Il avait des yeux doux et une voix apaisante. Auréolé d'une renommée de bienfaisance, son image lui conférait un éclat divin qui intimida un peu le Macédonien. « Je me tiens à cet instant devant un personnage historique », se dit-il en tremblant légèrement.

– Je suis vraiment heureux de vous rencontrer, insista le roi. J'avais précisément donné l'ordre à Apollônios de vous inviter au palais.

Alexandros n'évoqua pas le silence du dioécète.

Pendant quelques instants, le roi le regarda sans dire un mot, le mettant dans un embarras plus grand encore.

– Vous êtes un homme robuste, reprit-il. Vous avez la carrure d'un athlète. Sans doute avez-vous apprécié la victoire de Bilistiché ?

– Bilistiché conduit son char comme une championne. Si elle se présente aux prochains Jeux olympiques, nul doute qu'elle rapportera à Alexandrie une couronne d'olivier. Son talent lui permettrait même de se présenter aux Jeux néméens, aux Jeux pythiques et aux Jeux de l'isthme de Corinthe.

– Une championne panhellénique…

– Oui. Elle en a l'envergure.

– Tu es habile, Alexandros. Sans doute es-tu informé que Bilistiché vit au palais ?

Alexandros hésita avant de reconnaître qu'il en avait effectivement été informé. Il apprécia d'être naturellement tutoyé par le roi.

– Bien. Je préfère savoir mes invités honnêtes. Cela m'aurait attristé de t'entendre mentir…

Agnathos s'étonnait de la longueur de l'entretien que le roi ne semblait pas désirer abréger.

– Le peuple attend son souverain pour la conclusion de ces concours, intervint Apollônios en regardant curieusement Alexandros.

– Bien ! Je suis à lui. Apollônios, fais en sorte d'inviter Alexandros au palais le plus tôt possible.

– Mais j'ai fait préparer ma flottille privée par Kriton pour nos prochains déplacements avec l'ensemble des navires de mer et des chalands nilotiques. Les fonctionnaires, les comptables et les scribes habituels sont prêts au départ. Ils se sont même reposés pendant trois jours et trois nuits pour pouvoir travailler jour et nuit…

– Depuis quand discutes-tu mes ordres, Apollônios ? Fais en sorte qu'Alexandros vienne au palais avant notre départ. Je souhaiterais prolonger cet agréable entretien et mieux connaître nos savants. Tu inviteras aussi Théocrite avant qu'il ne reparte car j'ai beaucoup apprécié, hier, son hymne en mon honneur.

Le dioécète adressa un clin d'œil discret à Agnathos.

– Il est vrai, illustre roi, que tes occupations sont multiples et que ton emploi du temps est très chargé jusqu'à notre départ. Quant à moi, je dois contrôler les nouveaux chantiers…

Le roi se tut, puis il reprit à l'adresse du dioécète :

– J'ai l'impression que tu me caches quelque chose, et je déteste cela. Nous savons tous deux à quoi nous en tenir. Contente-toi donc de m'écouter. L'architecte Cléon contrôlera les chantiers. C'est son travail, il le fera mieux que toi.

– Mais il réside à Crocodilopolis, la métropole du nome Arsinoïte.

– Ses fils vivent à Alexandrie et j'ai accepté de les recevoir à la Cour. J'ai également accepté en échange les vases en agate de Cléon. Cléon travaille avec un adjoint. Il est entouré d'une dizaine de collaborateurs qui peuvent très bien diriger les chantiers d'Alexandrie. Plus de mille ouvriers sont sous ses ordres.

– Cléon s'occupe déjà de l'aménagement de nouveaux canaux pour accroître le réseau hydraulique et contrôle ceux qui existent. Sa tâche est lourde…

– Comme les sommes d'argent qui passent entre ses mains !

– Comment pourrait-il à la fois préparer des projets, établir des devis, commander les matériaux de construction, les faire transporter sur les chantiers, s'occuper des salaires et de l'entretien des ouvriers et inspecter les travaux ?

– N'est-il pas aidé de l'économe qui te représente dans le nome ? Si celui-ci est inefficace, choisis quelqu'un d'autre.

– Ce n'est pas le lieu pour s'entretenir des affaires de l'État, intervint Agnathos.

Mais le roi était décidé à ne pas céder.

– C'est la tâche de l'économe de contrôler les aqueducs aménagés à travers champs pour permettre aux paysans d'irriguer les terres. C'est sa fonction de vérifier si les canaux ont la profondeur réglementaire. Que Cléon s'occupe donc des chantiers !

Debout, face au roi, tiraillé par ses deux interlocuteurs, Alexandros ne savait quelle attitude adopter. Les courses étaient en train de s'achever sous un tonnerre de vivats et d'applaudissements.

– Je veux – entends-tu, Apollônios – que les trente-six nomes de l'Égypte soient aux mains de fonctionnaires compétents afin que les trente-trois mille trois cents villages qui les constituent me vénèrent. Je t'ai toujours demandé de ne pas lésiner sur le choix des nomarques, des toparques et des comarques[1]. J'ai même fait scinder en trois parties le nome Arsinoïte pour qu'il soit mieux administré !

Apollônios se montra très contrarié de recevoir en public des ordres du roi. Il contint sa colère, mais devint si rouge qu'Alexandros redouta un esclandre.

1. Le nomarque est le chef du nome ; le toparque, le chef d'une toparchie (division d'un nome) ; le comarque, un chef de village.

– Le débat est clos, conclut le roi. Cléon reçoit un salaire mensuel de quatre cent seize drachmes. Il peut bien contrôler les chantiers ! D'autant qu'il ne donne que cinq drachmes par mois à chaque ouvrier.

– Mais il n'y a pas que les chantiers ! Cinq économes m'ont informé d'infractions et ils ne sont investis d'aucun pouvoir judiciaire. Je dois donc m'en occuper !

– Que l'économe instruise les procès et qu'il utilise ses porteurs de fouets pour faire avouer les suspects. Il déférera les coupables aux chrématistes… J'ai même envie d'annuler mes visites. Après tout, tu peux partir sans moi. Les économes et les antigraphes sont responsables devant toi de toutes les irrégularités.

– Nous n'avons pas intérêt à mécontenter les paysans, intervint Agnathos. Ils aiment voir leur roi lors des tournées d'inspection. Il faut aller partout, parler à chacun, encourager tout le monde. Si certains d'entre eux mettent en cause des secrétaires ou des chefs de village à propos d'une question qui concerne les activités agricoles, il te faut ordonner une enquête et tout mettre en œuvre pour rétablir la justice.

– Tous les économes et les antigraphes me connaissent…

– Ce n'est pas suffisant.

– Pour une fois, tu peux partir sans moi, dit le roi à Apollônios. Maintiens un étroit contact épistolaire avec tes collaborateurs à Alexandrie. Ils exécuteront tes ordres comme si tu étais ici.

– Soit ! dit finalement le dioécète. J'organiserai une grande soirée avec plusieurs savants avant de quitter Alexandrie… avec vous.

– Le peuple nous regarde, glissa Agnathos en quittant la tribune.

Le roi salua les spectateurs. Il félicita les vainqueurs et se retira avec son escorte, non sans avoir fait jurer à Alexandros de lui demander tout ce dont il pourrait avoir besoin.

Héléna ne quittait pas la tribune des yeux. Elle était étonnée par la durée de l'entretien et mourait de curiosité de savoir ce qui se disait. Quand il vint se rasseoir à côté d'elle, Alexandros paraissait satisfait mais il ne souffla mot. Le souverain l'avait conquis. Il l'avait trouvé bon et intelligent, honnête et terriblement seul, à l'instar de tous les rois.

– Comment as-tu trouvé notre roi ? lui demanda Héléna, prête à écouter un long récit.

– Bien. Très bien. Mieux que je ne l'imaginais. Je m'attendais à voir un roi grec. J'ai tout d'abord vu un pharaon et, sous cette écorce de roi, j'ai découvert un homme sensible.

Alexandros avait surtout voulu connaître les liens qui unissaient le dioécète au roi. Il n'était pas mécontent de constater que le souverain gardait toute sa lucidité sur les fonctionnaires qui le servaient.

– Tu parles de notre souverain comme d'un homme ordinaire, Alexandros.

– N'est-il pas d'abord un homme fait de chair et de sang ?

Héléna hocha la tête.

– Viens ! lui dit-il.

Héléna se leva comme tous les spectateurs.

– Où m'emmènes-tu ? N'allons-nous pas aux banquets offerts par les vainqueurs ?

Alexandros fit la moue.

– Je n'aime guère les bains de foule autour des plats et je doute que le roi y aille.

– Il n'y a donc que le roi qui t'intéresse !

– Non, précisément, dit Alexandros en souriant. Éloignons-nous de cette foule.

Héléna le suivit à contrecœur. Ils quittèrent l'hippodrome par le chemin qu'ils avaient pris à l'aller et s'aventurèrent sur une voie déserte qui courait dans la campagne à l'opposé du flot humain qui gagnait le cœur de la ville.

– Mais où m'emmènes-tu ? insista Héléna. Il n'y a plus aucune habitation par ici. Cette route mène à un cimetière…

– Je sais. Qu'as-tu contre les cimetières ? On y retrouve l'âme des morts. Les Égyptiens prétendent que cette âme quitte les corps pour venir se nourrir et se mêler aux vivants.

Héléna haussa les épaules.

– Mon père a raison. Par moments, tu es bizarre. Je ne te comprends pas.

Alexandros répondit à ses paroles par un sourire énigmatique. Comme Héléna restait debout sur le chemin, il lui prit le bras pour l'inciter à continuer.

– Fais-moi confiance. Je voudrais juste te montrer quelque chose.

19

Pendant quelque temps encore, les cris d'enthousiasme de la foule qui fêtait les vainqueurs des concours leur parvinrent. Les plus heureux étaient ceux qui avaient parié avant les courses. Ils avaient gagné une forte somme d'argent, un veau ou un bijou qu'ils pourraient offrir à leur femme.

Devant Alexandros et Héléna s'étendait une campagne sauvage où poussaient oliviers et lauriers. Des collines rases paraissaient les encercler de toutes parts. Le chemin de terre se faisait de plus en plus étroit. On décelait sur le sol sec et clair les roues des rares chariots qui passaient et qui avaient écrasé des herbes folles.

– Tu es bien sûr de vouloir continuer ? demanda Héléna. Nous aurions peut-être dû prendre un char...

– Nous ne sommes plus très loin.

– Loin de quoi ?

– De l'endroit où je veux t'emmener. Je vois d'ici l'olivier. Je le reconnaîtrais entre mille.

Héléna regarda devant elle. Des dizaines d'oliviers jalonnaient la campagne. Mais elle poursuivit son chemin sans rechigner.

– Après ce tournant, nous y serons, lui annonça Alexandros.

Ils arrivèrent bientôt sur les terres du Macédonien.

– Voilà Qu'en penses-tu ?

– Que veux-tu que je pense d'un amas de pierres ? Je ne comprends pas...

– Ce domaine était celui de mon père.

Héléna comprit l'émotion d'Alexandros. Elle s'excusa de sa maladresse.

– Pour tout le monde, ce domaine n'est plus qu'un amas de ruines, reconnut Alexandros. Mais cette terre est la gardienne des souvenirs de mon enfance En venant ici, j'ai l'impression que les dieux me parlent et s'apprêtent à me faire le récit de ce qui s'est passé autrefois.

– Ils te mettent surtout en garde contre les dangers qui menacent ta vie, dit une voix.

Alexandros se retourna vivement.

– Toi ! La vieille ! Je t'ai cherchée pendant des jours...

La vieille femme ne tenait pas à se laisser approcher.

– Écoute-moi, Alexandros. Je ne suis pas ton

ennemie, loin de là. Tu dois me croire Quitte Alexandrie pendant qu'il est encore temps. Tu as eu un échantillon des malheurs qui peuvent te frapper. Tu ne seras jamais accepté dans cette ville. Les Alexandrins connaissent ton histoire. Ils te considèrent comme un dieu infernal prêt à nuire.

– Tout cela est ridicule, répondit Alexandros en avançant vers elle.

– N'approche pas ! Je ne compte pas discuter plus longtemps avec toi. Mais je t'implore de m'écouter et de partir.

– Qui est cette femme ? demanda Héléna, inquiète.

– Je ne sais, dit Alexandros en laissant s'éloigner la vieille. Elle prétend être voyante ou magicienne. En ville, personne ne la connaît. Je crois qu'il s'agit tout simplement d'une vieille folle !

– Elle me donne des frissons...

– Elle n'est guère rassurante, je le reconnais.

Alexandros invita Héléna à s'asseoir au pied de son olivier et lui conta ce qu'il savait de son enfance.

– Tiens ! Je te donne cette bague. Elle appartenait à ma mère.

Héléna hésita à accepter. Elle tendit cependant sa main gauche au Macédonien qui enfila la bague sertie de turquoises à son annulaire après en avoir ôté celle qui l'ornait depuis des années.

– Je possède cette bague depuis mon enfance. C'est ma mère qui me l'a achetée.

Elle la posa sur une pierre qui avait constitué autrefois une partie du mur du rez-de-chaussée de la propriété. Puis elle suivit le Macédonien dans les décombres.

– Les ouvriers ont commencé le travail. Aujourd'hui, ils sont tous à la fête, mais j'ai confiance en eux. J'espère pouvoir habiter de nouveau cette maison dans une trentaine de jours.

– Malgré les prédictions de la voyante ?

– J'aurai réglé d'ici là ce qui me tient à cœur et ne risquerai plus rien. J'achèterai des chiens de garde et des armes. Si nécessaire, je placerai un homme armé à l'entrée de la propriété.

Quand il eut contrôlé le déroulement des travaux, Alexandros retourna au pied de l'olivier.

– Ma bague ! s'exclama Héléna. Ma bague a disparu ! Je l'avais posée là, sur la pierre. Qui a bien pu la prendre ? Je n'ai vu personne.

– La vieille est peut-être revenue. Si c'est elle, elle aura de mes nouvelles ! Partons immédiatement à sa recherche.

– Mais nous ne savons où elle se terre...

– Sans doute dans le cimetière. Viens avec moi.

Les deux jeunes gens n'avaient pas plus tôt passé la grille du cimetière où reposait la famille d'Alexandros que l'ombre de la vieille se dessina sur le sol.

– Regarde, murmura Héléna en pointant un doigt à terre.

– Elle se cache derrière cette tombe. Allons, montre-toi ! cria Alexandros.

– Comment oses-tu troubler l'âme des morts, souffla la vieille en sortant de sa cachette. Les dieux infernaux te le feront payer un jour.

– J'ai deux mots à te dire !

– N'approche pas !

Alexandros hésita.

– Soit ! Mais écoute-moi. Tu as volé la bague d'Héléna et je veux que tu la lui rendes tout de suite !

– Je jure par Artémis aux mille mamelles que jamais je n'ai commis un tel acte. La petite a dû perdre cette bague.

Héléna fit non de la tête.

– C'est impossible, dit-elle à Alexandros. Je me souviens parfaitement de l'avoir posée sur une pierre.

La vieille paraissait sincère. Alexandros n'insista pas. Il entraîna Héléna vers la tombe de sa mère.

– Ces sépultures sont magnifiques ! s'exclama Héléna.

– J'ignore qui en prend soin à ce point. Ma famille repose là, mais je n'ai vu mentionné nulle part le nom de mon père.

– Et si ton père était encore en vie ?

– C'est, hélas ! impossible. Sa dépouille a bel et bien été reconnue. Il doit être enterré avec ma mère.

Un bruit de pas leur parvint.

– Cachons-nous derrière cette sépulture !

Ils retinrent un instant leur souffle.

– Qui est-ce ?

– Le jardinier. Il veille jalousement sur ces tombes.

Lorsque celui-ci fut passé, Héléna suggéra à Alexandros d'en apprendre davantage.

– Restons ici, suggéra Héléna, et observons. Nous verrons bien qui fleurit ces tombes. Ces gerbes sont toutes fraîches. Les fleurs sont coupées d'hier. Quant aux offrandes de viande, elles n'ont pas encore eu le temps de se dessécher.

Comme le jardinier revenait, Alexandros fit signe à Héléna de se taire.

– A-t-on jamais vu un jardinier faire ainsi les cent pas ! susurra-t-elle. On dirait un soldat !

Le crépuscule enveloppait maintenant le cimetière d'une calme fraîcheur. Tout était silencieux.

– Mes parents vont se demander où je suis, souffla encore Héléna.

– Chut !

Un homme s'avançait entre les sépultures, les bras chargés de fleurs, de fruits et de victuailles. Le jardinier lui barra aussitôt le passage.

– C'est moi, lui dit l'homme.

– Ah ! Je t'attendais. Encore des mets pour les Agathos ? Dépose-les sur les tombes et reprends les autres. Tu pourras donner les restes aux pauvres du quartier égyptien. Quand les âmes des défunts viendront se rassasier, il serait fâcheux qu'elles trouvent des mets avariés. Cette négligence pourrait entraîner une malédiction.

– Sois tranquille. J'accomplis toujours ma tâche au mieux.

Le jardinier observa l'homme sans le quitter des yeux. Alexandros fit signe à Héléna de reculer et de se cacher davantage.

– Que vois-tu ? murmura-t-elle

– Pas grand-chose. Un homme vêtu d'une chlamyde rouge. Il porte un bonnet. Je ne parviens pas à discerner ses traits.

– Allons-y !

– C'est trop dangereux !

– Mais non ! Allons-y ! Tu veux savoir oui ou non ?

– Tu as raison, dit Alexandros en se levant subitement et en se précipitant vers l'inconnu.

– N'avance plus, ordonna le jardinier en s'interposant entre les deux hommes. Si tu avances seulement d'un pas, tu es un homme mort !

Voyant que l'homme prenait la fuite, Alexandros tenta le tout pour le tout. Il détourna d'un geste la lance que le jardinier pointait vers sa poitrine et se lança à la poursuite de l'inconnu. Mais le jardinier le rattrapa et le fit rouler à terre. Ils luttèrent quelques instants.

– Héléna, rattrape-le ! cria Alexandros.

La jeune femme lui fit un signe désespéré. L'homme était déjà loin.

20

– Père, je t'ai vu au cimetière aujourd'hui. Celui qui se trouve près du quartier des Juifs. Que faisais-tu là-bas ?

– Que me racontes-tu là ma fille ? Tu rentres tard, tu soulèves notre inquiétude et c'est à nous de te donner des explications !

– Pas à vous, père. A toi. Seulement à toi. Je t'ai vu orner d'offrandes la tombe des Agathos.

– Cette fille est folle ! dit Zénodote à sa femme. Moi, apporter des offrandes aux Agathos ! Je ne sais même pas où ils ont été enterrés !

– Rassure-toi, père. Je n'ai pas dit à Alexandros que je t'avais reconnu. Mais je ne pourrais confondre ta chlamyde avec aucune autre.

– Rien ne ressemble plus à une chlamyde qu'une autre chlamyde, dit sa mère en tentant de la calmer. Si tu nous racontais plutôt ce qui te bouleverse à ce point ?

Héléna consentit à s'asseoir et à boire un grand gobelet de bière. Puis elle raconta son aventure à sa mère.

– Ma fille est folle ! S'aventurer ainsi avec un inconnu qui se bat au crépuscule ! Tu aurais pu être tuée ! Tu auras confondu cet homme avec ton père.

– Pourquoi ? Père était-il avec toi ?

Létho se montra embarrassée.

– Oui... Enfin, oui il était là. Il est rentré tôt ce soir.

– Et où se trouve sa chlamyde ? Pourquoi est-elle sur ce coffre ? Si père est rentré tôt, il n'avait donc pas besoin de manteau. Il a fait si chaud aujourd'hui !

Zénodote finit par montrer de l'impatience.

– Cela suffit, Héléna ! Depuis que tu fréquentes cet Alexandros, tu as changé ! Est-ce ainsi que tu parles à un homme que respecte le roi ?

Héléna s'excusa.

– Ce soir, je ne mangerai pas, ajouta-t-elle. Je n'ai pas faim.

Le lendemain, Héléna ne se leva pas. Irrité, son père monta dans sa chambre avec la ferme intention de l'en faire sortir. Mais il ne s'attendait pas à voir sa fille si mal en point.

– Elle transpire depuis l'aube, lui dit la servante Thallis en lui épongeant le front avec un drap.

– Et elle se met à délirer, ajouta Létho, très inquiète. Par tous les dieux ! je te l'avais dit. C'est cet Alexandros qui a rendu notre fille malade. Il veut se venger et il a hérité des pouvoirs magiques de son père.

Zénodote demeurait interdit devant le visage livide de sa fille qui gémissait.

– Elle est inconsciente. On la dirait possédée d'un dieu tant elle bouge. Impossible de la calmer.

– Je vais préparer une potion apaisante avec des plantes, proposa Thallis en implorant les dieux d'aider sa « petite maîtresse ».

– Dépêche-toi, Thallis ! implora Létho. Je crains le pire !

– Je vais chercher Phormios au coin de la rue, en espérant qu'il n'est pas parti en visite.

– Fais vite ! Notre fille est de plus en plus pâle.

Létho souleva le pan d'étoffe qui obstruait la fenêtre de la pièce et laissa entrer la lumière naissante. En revenant près de la couche où Héléna se tenait étendue, les mains croisées sur la poitrine, elle prit la main de sa fille et contempla la bague qui rutilait à son doigt.

– Mais qu'a-t-elle fait de sa bague et qui lui a donné celle-ci ? Pourvu que ce ne soit pas un cadeau empoisonné de ce Macédonien de malheur !

Elle tenta en vain de lui délier les doigts pour faire glisser le bijou.

– Je dois rompre le sortilège. Si ma fille a été envoûtée, ce ne peut être qu'au moyen de cette bague.

Mais elle ne parvint pas à l'ôter. A chacun de ses efforts, Héléna gémissait et murmurait des paroles incompréhensibles.

Létho se pencha à la fenêtre pour voir si son mari revenait avec le médecin. Elle les aperçut bientôt.

– Par Zeus ! Phormios était chez lui.

Elle appela Thallis qui revint avec une cuvette d'eau et une potion chaude dont les émanations se répandirent bientôt dans toute la pièce. La servante tenta de soulever Héléna et de l'asseoir pour la faire boire, mais la jeune femme retomba sur sa couche en transpirant abondamment.

– Depuis quand est-elle dans cet état ? demanda le médecin dès qu'il eut pénétré dans la chambre.

– Ce matin.

– La nuit a-t-elle été calme ?

– Je l'ignore, répondit Létho. Thallis a trouvé notre fille ainsi. Peut-être faut-il chercher un guérisseur ou un interprète de songes...

– Ils sont nombreux à fréquenter les sanctuaires d'Asclépios, mais peu sont efficaces.

Phormios avait hérité des connaissances de son père, un ancien esclave qui avait appris la médecine sur les conseils de son maître. A la fin de sa vie, il l'avait affranchi pour le remercier de ses services et de son efficacité. Phormios avait maintenant ses propres esclaves qui lui servaient d'auxiliaires et qui apprenaient ainsi la pratique de son art.

– Je vous incite à être prudents avec ces magiciens qui hantent les cimetières et les temples.

En homme originaire de l'île de Cos où était né le père de la médecine, Phormios préférait se soumettre au serment d'Hippocrate.

– Pour ma part, je n'ai jamais donné de poison à quiconque, bien que l'on m'en ait parfois demandé pour abréger des souffrances. En quelque maison que j'entre, j'y viens pour le salut des malades en m'abstenant de toute injustice et de tout méfait volontaire. Je soigne mon prochain sans distinction de classe ni d'origine et je ne réclame pas des sommes astronomiques à mes patients. Méfiez-vous de ceux qui tentent de s'enrichir à vos dépens.

– Mais Héléna semble au plus mal...

Phormios s'approcha de la couche et s'assit au bord du lit.

– Elle a de la fièvre, tout simplement. Elle délire à cause de la maladie. J'en ai vu d'autres quand j'étais médecin des gymnases ! Fractures, foulures, luxations, fièvres...

Le médecin tâta le front de la malade et rassura Létho.

– Je vais procéder à une saignée et poser des ventouses.

Thallis se précipita aussitôt dans l'escalier pour aller chercher les ventouses en corne qui se trouvaient dans la cuisine.

– Vous allez aussi acheter des plantes chez le pharmacien. Il en a reçu hier matin du coupeur de racines. Voyons...

Le médecin réfléchit un instant avant de choisir les variétés de plantes les plus efficaces.

– Celles-ci, je les emploie depuis peu. Nous ne les connaissions pas en Grèce, mais les Égyptiens m'ont appris beaucoup sur ce plan. Demain, je reviendrai avec ma propre préparation et, si cela se révèle nécessaire, je garderai Héléna chez moi pendant quelques jours.

Létho faisait confiance à cet homme dont les talents avaient été reconnus par l'assemblée des citoyens et à qui la ville avait confié une officine. La cité lui avait également prêté un local pour les consultations et les opérations.

– Tous les frais seront pris en charge par la ville.

– C'est parfait.

– Je ne suis plus un médecin privé maintenant ! J'avoue préférer soigner mes malades gratuitement car j'en rencontrais parfois de si pauvres que je n'osais leur demander quoi que ce soit ! Si Héléna a besoin de soins intensifs, mon infirmière égyptienne s'en chargera. J'ai choisi une femme plutôt qu'un homme car certaines malades préfèrent confier leurs problèmes à d'autres femmes. Nous travaillons en bonne intelligence. La ville a même mis à ma disposition une accoucheuse, mais je ne crois pas que ce soit de saison !

Phormios réussit à faire sourire Létho.

– Cela ne saurait tarder. Notre fille est en âge de se marier mais nous n'en sommes pas là. Pour l'instant, je vous prie seulement de la guérir.

Phormios lui prit la main qu'il tapota comme il avait coutume de le faire avec ses malades.

– Allons ! Vous n'allez pas vous décourager pour une petite fièvre ! Je suis sûr que les ventouses en viendront à bout.

Malgré les potions de Phormios et les veilles de ses parents, l'état d'Héléna ne fit qu'empirer. Létho était si désespérée qu'elle accepta la proposition du médecin qui hébergea Héléna dans son cabinet.

Zénodote l'emmena chez Phormios roulée dans une chaude couverture malgré la saison car la jeune femme ne cessait de trembler. Elle ne reconnaissait plus personne et balbutiait des mots sans suite.

La demeure que la ville d'Alexandrie avait mise à la disposition de Phormios était simple. Toutes les pièces s'ouvraient sur un portique intérieur faisant suite à une cour, elle-même précédée d'un vestibule. Orienté au sud, le portique laissait passer le soleil au-dessus des toits, maintenant à la maison une légère fraîcheur du matin jusqu'au soir. Le cabinet, décoré de mosaïques qui n'avaient aucun rapport avec la médecine, situé au nord, juste derrière le portique, en recevait toute la lumière. Cette pièce devait faire office autrefois de salle de banquets. Quant à l'ancienne salle à manger, elle servait de pièce de repos. L'infirmière de Phormios vint vers eux dès leur arrivée.

– Couchons-la ici, dit-elle en aidant Zénodote à dérouler la couverture qui enveloppait Héléna. Je la veillerai moi-même.

Phormios paraissait préoccupé. Il ouvrit une pièce où étaient alignés de petits gobelets qui dégageaient des odeurs de mixtures et de plantes acides. Un cellier complétait le rez-de-chaussée. Mais malgré tous les soins que Phormios apporta à Héléna pendant des jours et des nuits, malgré l'affection dont il l'entoura, Héléna sombra dans l'inconscience dès le cinquième jour. Le médecin implora lui-même les dieux de l'aider.

– J'avoue mon impuissance, dit-il à Zénodote. J'ai

mésestimé la gravité de la maladie. Consultez un magicien. Peut-être un miracle se produira-t-il.

Ce soir-là, Létho prit à partie son mari.

– Cette fois-ci, c'est décidé. Puisque tu n'en as pas le courage, je vais moi-même aller trouver Alexandros. Je suis sûre que c'est un brave garçon qui comprendra. Tu lui rembourseras l'argent que tu devais à son père.

– Là n'est pas le problème, tu le sais bien.

– Je dirai tout, Zénodote ! Il est normal que ce jeune homme sache ce qui est arrivé à ses parents. Il renoncera ainsi à prendre la vie de notre fille. Je sens qu'il s'est emparé de son âme.

– Ne dis pas de sottises. L'âme des hommes appartient aux dieux.

– Souviens-toi d'Agathos, Zénodote. On racontait en ville qu'il possédait des pouvoirs surnaturels et qu'il avait le don de rendre malade qui le tourmentait.

Zénodote haussa les épaules tout en frissonnant.

– Tais-toi donc, avec tes folies ! Tu vas jeter le mauvais sort sur cette maison !

– Je crois que le mauvais sort est déjà jeté et que nous allons tous périr alors que nous ne sommes pour rien dans le malheur qui a frappé Alexandros. Car nous n'y sommes pour rien, n'est-ce pas Zénodote ? Tu ne m'as jamais rien caché ? C'est le moment de m'avouer une faute...

– Tu douterais de moi ? Voilà qui est extraordinaire. J'ai l'impression de rêver. Ma fille et ma femme ne me respectent plus, moi, le responsable de la bibliothèque royale, de la plus grande bibliothèque du monde !

– Oh ! Ne prends pas ces grands airs avec moi, Zénodote. Je te respecte mais je sais aussi de quoi tu es capable.

Zénodote devint rouge de colère.

– Cette fois, j'en ai assez entendu. Je me fais insulter ! On me traite d'assassin !

– Et pourquoi te promènes-tu armé ? Tu ne saurais même pas te servir d'un couteau. Que redoutes-tu depuis la mort de Tousert ?

– On ne sait jamais. Néferet, elle aussi, a été tuée et l'assassin n'est pas encore en prison !

– Ce n'était que des accidents.

– Je n'en suis pas si sûr.

– Quoi qu'il en soit, conclut Létho, je suis décidée à parler à Alexandros et personne, pas même toi, ne me fera changer d'avis !

Zénodote ne chercha pas à l'en dissuader car au fond de lui-même, il était persuadé que c'était sans doute la meilleure solution. La maladie d'Héléna l'avait touché au cœur. Il ne s'était pas rendu à la bibliothèque depuis deux jours, se reposant en tout sur Callimaque, laissant ses propres travaux en suspens. Rien ne semblait plus avoir d'intérêt à ses yeux que la guérison de sa fille.

– Va donc, lança-t-il à l'adresse de sa femme qui avait pourtant quitté la pièce en le laissant face à sa douleur. T'ai-je déjà empêchée de faire ce que tu voulais ?

Puis il quitta sans bruit leur demeure et se rendit

au temple d'Asclépios, au sud de la ville, près du lac Maréotis. Il emporta avec lui de nombreux fruits, un sac de viande de porc et un beau foie de génisse pour les offrir au dieu.

Il traversa la ville dans le sens de la largeur, empruntant la rue principale et marchant le regard baissé pour éviter de saluer les Alexandrins qui le reconnaissaient. Il marcha longtemps ainsi en direction du lac jusqu'à la porte du Soleil.

Le temple du dieu guérisseur se trouvait près du serapeum. Zénodote déposa les offrandes au pied de l'autel et supplia le dieu d'écouter sa prière. L'éclat rougeoyant du soleil frappa à cet instant les yeux de la statue du dieu qui parurent s'animer d'une lueur amicale et Zénodote se mit à pleurer car il y vit un signe favorable à la guérison d'Héléna.

21

Alexandros s'étonna de ne pas avoir de nouvelles d'Héléna. Il s'inquiéta lorsque, à la bibliothèque, il entendit Zénodote révéler ses craintes à Callimaque, les deux hommes n'étant pas disposés à se faire des confidences.

Pendant ce temps, Apollônios avait organisé une grande fête en l'honneur des savants, géographes, mathématiciens, historiens, invités par le roi à Alexandrie. Ptolémée, racontait-on dans la ville, se délectait déjà de cette soirée tant il appréciait les discussions avec « ceux qui menaient le monde ».

« Cet Apollônios n'est qu'un hypocrite. Je me demande pourquoi le roi lui fait confiance. Dans les nomes, des hommes de paille dirigent tout à sa guise. Ils ont eux-mêmes placé leurs amis aux meilleurs postes. Apollônios s'est ainsi créé des réseaux de complices qui seraient dangereux pour Ptolémée s'ils en venaient à se retourner contre lui en prenant le parti du dioécète. »

Alexandros était convaincu de la culpabilité du dioécète dans le meurtre de son père. Il avait observé ses manœuvres et mesuré son ambition.

« Si je veux venger ma famille, je dois le faire avant le départ d'Apollônios pour sa tournée d'inspection. Car il pourrait rester éloigné d'Alexandrie plus longtemps que prévu. »

Alexandros décida d'agir la veille de la fête.

« Apollônios travaillera tard. Il sera seul et facile à surprendre. Ce sera le bon moment. »

Le Macédonien attendit jusqu'au soir dans sa chambre la main sur le manche ciselé de la courte épée qui devait tuer Apollônios. A l'heure du dîner, quand les rues de la ville furent moins animées, il jeta sur ses épaules un manteau léger qui dissimulait son arme. Puis il se glissa à l'extérieur de l'immeuble en évitant de croiser un voisin. Il marcha d'un bon pas en direction du palais, pénétra dans l'un des jardins qui entouraient la demeure royale et repéra la fenêtre du bureau du dioécète.

« Il est encore là. J'en étais sûr ! »

Puis il se présenta à l'entrée du palais où il se fit annoncer.

« Je suis certain que le roi me fera confiance et qu'il comprendra mon geste, se dit Alexandros. La justice et les dieux sont de mon côté. »

Plusieurs gardes grecs escortèrent Alexandros jusqu'au bureau du dioécète.

– Que faites-vous ici à cette heure ? s'exclama Apollônios. Craignez-vous que je ne vous oublie sur la liste des invités ?

Alexandros répliqua aussitôt :

– Je pense que vous m'auriez volontiers... « oublié ». Mais je ne crois pas que le roi vous en laisse le choix.

Le dioécète retrouva la superbe qu'il avait perdue à l'hippodrome.

– Vous ne connaissez guère notre ville, Alexandros, sinon vous sauriez combien mon pouvoir est grand auprès du roi.

Le Macédonien fut décontenancé par l'assurance avec laquelle parlait le dioécète.

– Cela vous étonne ? renchérit Apollônios à qui rien n'échappait. Si vous ne me croyez pas, renseignez-vous.

Alexandros resta un moment silencieux avant de reprendre, froidement :

– Je suis venu ce soir pour régler mes comptes et parler de ma famille.

Apollônios pâlit.

– C'est donc toi qui as tué Tousert et sa fille ? J'en étais sûr.

– Tu en étais si sûr que tu voulais me laisser en prison.

– Pourquoi as-tu agi ainsi ?

Comme Alexandros avait sorti son épée, Apollônios s'apprêta à appeler un garde.

– Je ne te le conseille pas, dit Alexandros en s'approchant de lui.

– Alors, calme-toi. Tout cela est insensé. Je vais te dire ce que je sais.

– Je t'écoute, dit tranquillement Alexandros en s'asseyant près de lui sur un tabouret de bois sculpté richement rehaussé de pierres semi-précieuses.

– Je comprends ta colère mais tu fais fausse route.

– A moi d'en juger. Parle !

Apollônios avait perdu maintenant sa hautaine sérénité. Il commença son explication en termes peu intelligibles.

– Cesse de trembler, honorable dioécète, ironisa à son tour Alexandros, car je ne comprends rien à tes propos. Si tu n'as rien à te reprocher, pourquoi trembler ainsi ?

– En fait, ton père était très riche et très puissant. Alexandre le Grand avait beaucoup apprécié ses services quand il était jeune et vaillant combattant. Aussi Agathos souhaitait-il s'installer à Alexandrie. Il eut ici beaucoup de pouvoir ; son prestige et ses richesses soulevaient les jalousies.

– C'est pourquoi vous l'avez tué ! clama Alexandros en se levant et en pointant son arme sur la poitrine d'Apollônios.

– Non, je te le jure par Zeus, Osiris et Dionysos ! Nous lui avons seulement demandé de nous prêter de l'argent.

– Qui nous ?

– Tousert, moi et… Zénodote. A l'époque, nous n'étions que de simples citoyens. Tousert voulait acheter une oliveraie. Zénodote désirait acquérir des traités originaux qui pourraient bouleverser le monde, et devenir ainsi un conseiller du roi. Quant à moi, j'avais épousé une femme exigeante et il me fallait briller à ses yeux, monter une affaire quelle qu'elle fût. Grâce à l'argent d'Agathos, je voulais me procurer une terre et...

– Et rien n'a marché comme vous l'aviez prévu. Vous avez dépensé l'argent et vous avez échoué dans vos entreprises. Mais il fallait alors rembourser...

– Non ! Non ! Je vais tout te dire si tu m'en laisses le temps !

Mais une agitation inattendue troubla soudain leur entretien.

– Au feu ! Au feu ! criait-on du jardin.

Une épaisse fumée parvenait déjà dans le bureau du dioécète qui se précipita vers la porte pour appeler de l'aide. Il eut tout juste le temps de franchir le seuil. Une lance lui transperça la poitrine et il tomba mort en travers de la porte.

Alexandros se précipita vers lui ; il enjamba le corps et regarda autour de lui. Le couloir était désert. Tous les gardes avaient quitté leur poste pour donner l'alerte. Aussi jugea-t-il plus prudent de s'éclipser.

Le lendemain matin, un indescriptible brouhaha réveilla Alexandros.

– Allons, montre-toi, assassin ! Lâche !

Il se précipita à la fenêtre et faillit être atteint à la tête par une pierre. Une bande de jeunes Grecs lançaient des pierres sur la façade de l'immeuble en l'injuriant.

Quand le Macédonien apparut à la fenêtre, certains s'enfuirent mais la plupart continuèrent à l'insulter et à le menacer. La rumeur courait en effet dans la ville que, après avoir assassiné Tousert, Alexandros avait tué le dioécète.

Fulminant de rage, Alexandros dévala les escaliers et se campa à l'entrée. Quelques marches de pierre le séparaient de l'immeuble du groupe qui l'apostrophait.

– Me voilà ! Je vous écoute. Vous vouliez me parler ? Faites donc !

Les Grecs cessèrent de lancer des pierres.

– Quitte cette ville ! lui cria le plus âgé.

– J'ai déjà entendu ce discours. Pourquoi quitterais-je Alexandrie alors que je suis reçu ici par le roi et que je m'y sens bien ?

– Ta famille a été tuée. Tu es sans doute un démon pour avoir échappé au massacre ! Tu es venu tuer nos meilleurs hommes. Tes crimes ne resteront pas impunis ! Si la justice est incapable de faire son travail, nous nous rendrons justice nous-mêmes.

Contre toute attente, Alexandros descendit les marches qui le séparaient des Grecs et se planta devant eux. Ils devinrent silencieux.

– Je ne vous entends plus. Il est toujours facile de menacer un homme à plusieurs. Écoutez-moi bien ! Je reconnais parmi vous des amis et j'en suis d'autant plus troublé. Je n'ai tué personne. Mais Tousert et Apollônios ne méritaient pas les larmes que vous versez sur eux. Ils font sans doute partie du complot qui a tué mes parents. Or, aujourd'hui, quelqu'un tue dans cette ville. Un inconnu a tué Tousert, Néferet et Apollônios. Oui ! Quelqu'un me vole ma vengeance !

– Pourquoi te croirions-nous ?

– Si tu crois que je suis un assassin, frappe-moi donc !

– Non, laisse, intervint la vieille voyante qui se dissimulait derrière un bûcheron d'une taille imposante. Je connais Alexandros. Vous faites fausse route.

Le bûcheron baissa sa hache à contrecœur.

– Allez, rentrez chez vous !

– Et surtout, n'oubliez pas ! Si vous voulez découvrir l'assassin, cherchez-le ailleurs ! Je n'ai rien à perdre ! J'ai déjà tout perdu à l'âge de quatre ans ! Qui d'entre vous a vu tuer sous ses yeux ses parents ou ses frères et sœurs ? J'ai perdu ma patrie car je suis né ici. J'ai grandi loin de ma ville et je me suis toujours battu pour m'en sortir. J'ai souvent été seul et je le suis encore aujourd'hui. Je suis seul avec mon malheur, seul face à une vengeance que l'on ne me permet pas d'assouvir ! Qui veut me donner des leçons ? Qu'il parle ! Les Grecs, qui étaient venus armés, baissèrent leurs armes. Ceux qui tenaient encore une pierre dans la main la laissèrent tomber à terre et rentrèrent chez eux. Quand ils furent tous partis, la vieille se retrouva face à face avec Alexandros.

– Je te dois des remerciements, dit le Macédonien.

– Si tu m'avais écoutée, nous n'en serions pas là. Prends garde d'être poignardé un jour, au moment où tu t'y attendras le moins.

– Je m'attendais surtout à devoir affronter la police du roi car tout le monde sait que j'ai rendu visite au dioécète hier soir.

– Précisément. Tu as eu la bonne idée de ne pas te cacher et de te présenter pour être reçu, ce qui n'est pas l'attitude habituelle d'un assassin.

– Comment le sais-tu ?

– Oublierais-tu que je suis voyante ?

Alexandros haussa les épaules.

– Autant que je suis magicien !

La vieille resserra sa ceinture et lui adressa un sourire affectueux.

– Au revoir, Alexandros.

Le Macédonien s'assit sur les marches et réfléchit longuement à ce qui venait de se passer. Puis il songea à sa vie, imagina l'existence qui aurait été la sienne à Alexandrie avec un père respecté et puissant. Il eut alors une pensée attendrie pour son oncle qui en savait certainement plus long qu'il ne l'avait laissé croire. « J'aurais dû le faire parler », se dit-il. Et il se promit de lui écrire le jour même pour le réconforter.

22

Après la mort du dioécète,Alexandros s'attendait à ce que l'invitation du roi fût annulée. Il n'en fut rien. Le souverain ne changea rien à ses projets et ne se hâta pas de nommer un nouveau dioécète, malgré le caractère indispensable de sa charge, dont dépendait en Égypte toute la « pyramide » administrative. Il préféra remettre ce choix à son retour d'inscription.

Après avoir écrit une longue lettre à son oncle, Alexandros décida de se rendre à la bibliothèque, à la fois pour travailler et pour obtenir des nouvelles d'Héléna.

L'enjeu de la soirée qui s'annonçait lui semblait maintenant moins important que du vivant d'Apollônios. Alexandros ne cherchait plus à gagner la confiance du roi, mais il se faisait une joie de rencontrer à nouveau ce souverain lettré.

Il s'interrogea pendant tout l'après-midi sur ce qu'Apollônios s'apprêtait à lui dire avant de mourir. Était-il sincère quand il clamait son innocence ou cherchait-il à échapper à la mort ?

Alexandros se révélait mécontent de ses recherches. Son enquête tournait en rond. Il avait l'impression d'être manipulé depuis le début. Qui avait intérêt à l'égarer ainsi et qui pouvait le devancer ? Il fallut que le mystérieux assassin fût parfaitement informé de ses intentions.

En se rendant au palais, Alexandros se sentit suivi. Il ralentit le pas, jeta des coups d'œil derrière lui puis accéléra de nouveau sa marche. Pour en avoir le cœur net, il tourna autour d'un pâté de maisons et revint à son point de départ. La silhouette était toujours derrière lui. Il se cacha derrière la porte entrouverte d'un immeuble qui ouvrait sur la rue et attendit. Lorsque l'inconnu arriva à sa portée, Alexandros surgit de sa cachette et le saisit au poignet. Sa main se referma sur un bras de femme. Elle se débattit quelques instants. Puis se calma. Alexandros lui ôta aussitôt le châle qu'elle avait placé sur ses cheveux pour passer inaperçue.

– Vous ? s'exclama Alexandros. Mais... que faites-vous ici ?

– Je pourrais vous en dire autant. Je me promène voilà tout ! Lâchez-moi ou j'appelle la police !

Comme des passants se retournaient sur eux,

Alexandros allait desserrer son étreinte quand il se souvint des deux opportunités qu'il avait déjà laissées passer.

– Pas question ! dit-il en attrapant l'autre poignet de la femme. Pas avant que vous n'ayez révélé pourquoi vous me suivez !

La femme haussa les épaules.

– Vous suivre, moi ? Quelle idée ! Je vous ai bien assez vu comme ça ! Je vous hais, Agathos, pour le malheur que vous avez apporté dans ma maison. Nous étions heureux et maintenant que me reste-t-il ? A cause de vous, j'ai perdu mon mari et ma fille.

Alexandros lâcha prise sans quitter des yeux la mère de Néferet. Cette femme qu'il avait vue anéantie sur le corps de sa fille lui semblait soudain plus forte qu'elle ne le laissait paraître. Il croisa son regard dur comme la pierre. Le rictus de sa bouche révélait la haine qu'elle éprouvait pour le Macédonien.

– Iyi était un excellent mari, tendre, amoureux, attentionné pour ses enfants. Que n'eût-il pas fait pour son fils et sa fille ? Il nous a tout donné : bonheur, réputation, bien-être, fortune. Nous lui en étions reconnaissants. Comme il nous aimait et comme il savait nous le montrer !

Ce discours qui ne correspondait en rien à celui que Néferet lui avait tenu sur son père étonna Alexandros. Il douta de la sincérité de la femme de Tousert, qui était maintenant retombée dans l'affliction et la détresse, mais qui lui avait montré un tout autre visage.

– Il ne me reste rien, ne cessait-elle de répéter. Rien, plus rien !

– Vous êtes, certes, bien à plaindre, répliqua malicieusement le Macédonien et je ne vois pas femme plus malheureuse que vous. S'il était encore de ce monde, Eschyle aurait écrit sur vous sa meilleure tragédie et il aurait sans doute remporté un prix lors d'un concours dramatique. Mais je jure, par Sérapis que les Alexandrins honorent avec tant de respect et qui accomplit des miracles en son temple, que je suis étranger à vos malheurs.

La femme de Tousert partit dans une longue lamentation digne d'une scène de théâtre. Alexandros n'était plus dupe de cette comédie qui lui semblait déplacée au lendemain de l'assassinat d'Iyi et de Néferet.

– Néferet avait tout pour elle ! La beauté, la grâce et la pudeur. Les hommes venaient la demander en mariage et déclenchaient l'ire de Tousert qui tenait à protéger sa fille depuis que son premier mari avait abusé d'elle. Ce n'était qu'une enfant effrayée par les hommes…

« N'exagérons rien », se dit Alexandros.

– Maintenant vous voilà extrêmement riche, déclara-t-il abruptement.

Un regard de tigresse lui répondit.

– Vous êtes dépourvu de tout sentiment humain !

Alexandros recula d'un bond.

– Eh ! Inutile de vous mettre en colère ! C'était une simple constatation. Vous devenez propriétaire d'un immense domaine que vous allez gérer seule…

– Avec mon fils Sethnacht qui est plus habile que moi pour ce genre de chose.

– Je ne le crois pas, répondit Alexandros froidement. Vous avez toujours travaillé avec votre mari. Néferet m'a appris que vous teniez les comptes…

– Néferet a toujours eu la langue trop longue.

– N'est-ce pas la vérité ?

– Si.

– Ne me dites pas que votre fils est plus respecté que vous à l'intérieur du domaine, je ne vous croirais pas.

Elle hocha la tête et réfléchit avant de répondre :

– Les ouvriers qui sont à notre service depuis longtemps me considèrent comme leur maîtresse et leur amie…

– Et ils voient plutôt Sethnacht comme leur fils.

– Les plus âgés l'ont connu enfant…

– C'est ce que je disais. Vous savez que je suis innocent, n'est-ce pas ?

– Certainement pas ! Je vous crois bel et bien coupable !

– Et vous acceptez de vous justifier devant moi ?

– Si vous ne m'y forciez pas…

Alexandros leva les mains au ciel.

– Vous êtes libre. Or vous me parlez. Vous vous trahissez. Moi-même, je ne pourrais pas adresser la parole à l'assassin de ma femme ou de mon enfant. Et si vous connaissiez le véritable assassin ? Si vous cherchiez à le protéger ? Si vous cherchiez à vous protéger ?

– Vous êtes fou, Agathos ! Vous serez jugé et condamné, je le jure par Sérapis tout-puissant !

Puis elle tourna les talons.

– Quelle femme étrange… murmura Alexandros. Comment peut-elle garder un tel calme après le drame qui a bouleversé sa famille ?

Déterminé à en savoir davantage, Alexandros poursuivit sa route le long du grand port et parvint ainsi au temple de Neptune. Derrière lui se trouvait le palais de Ptolémée. La magnificence de l'édifice ne cessait de l'étonner. Ptolémée savait célébrer des fêtes somptueuses. Le roi aimait les cérémonies. Les poètes ne lui ménageaient ni les éloges ni les flatteries. Son attirance pour les lettres et la science, sincère et intelligente, lui venant en partie de son maître Zénodote et du poète Philétas de Cos, Alexandros ne doutait pas que Zénodote serait présent à cette soirée.

Pour l'occasion, les salles du palais avaient été décorées de fleurs magnifiques. Partout d'immenses bouquets trônaient dans des vases en marbre gigantesques reflétant leurs formes raffinées dans de grands miroirs rectangulaires ou ovales, ourlés de dorures travaillées. Des parfums brûlaient aux quatre coins des pièces embaumant l'air de leurs senteurs envoûtantes.

Quand Alexandros arriva dans la salle de réception, le poète Théocrite interprétait son *Éloge de Ptolémée* en chantant « l'époux de la meilleure des femmes qui dans la chambre nuptiale ait enlacé un jeune mari, un frère chéri du fond du cœur ». Il insistait sur l'« or abondant qui ne dormait pas dans les coffres mais qui servait à récompenser les poètes », si bien qu'Alexandros ne put s'empêcher de penser que Théocrite gâchait son talent avec cette poésie courtisane. Bilistiché, qui affichait des allures de reine, cherchait à convaincre le poète d'écrire sur ses dons de cavalière. Elle se pavanait tandis que Ptolémée se lamentait encore sur la mort d'Arsinoé.

Des magiciens entouraient le roi, qui devenait crédule dès qu'il était question de sa santé, car la vie l'avait tellement gâté qu'il comptait vivre toujours, d'autant qu'il avait trouvé, affirmait-il, le secret de l'immortalité.

– Vraiment, digne souverain d'Alexandrie, vous avez fait des merveilles depuis que votre père est au rang des dieux, dit Théocrite en saluant le roi. Les deux allées qui mènent du sud au nord de la ville étaient bondées de monde ce soir. On aurait dit des fourmis sans nombre. Heureusement qu'une colonne de cavaliers faisait respecter l'ordre !

Ceux qui n'avaient pas l'habitude de venir au Bruchéion[1] admiraient le sol de marbre, cette pierre étant inconnue en Égypte.

– Ah ! Alexandros ! s'exclama le roi en voyant le Macédonien. Cette fête est donnée en votre honneur ! Vous êtes plus qu'un historien. On m'a dit que vous étiez un philosophe de l'histoire et je rêve de m'entourer de philosophes. Mais, voyez-vous, ils me boudent, alors que les médecins, les astronomes et les mathématiciens viennent ici. Je voudrais réunir à Alexandrie des représentants de l'école cyni-

1 Palais royal.

que, du stoïcisme et de l'épicurisme. Or ces savants se dérobent. Ils préfèrent Athènes !

Alexandros le regretta discrètement.

– Quelle idée ! Alors qu'Athènes est en proie aux guerres civiles et aux émeutes depuis près de quarante ans ! On n'y respecte plus ni les prisonniers ni même les femmes. Les partis se disputent un semblant de pouvoir. Le sang, les incendies, les meurtres, les sièges, voilà le lot d'Athènes ! La misère s'accroît. Les petits propriétaires sont ruinés.

– Et les épicuriens invitent à boire et à profiter de la vie ! ajouta quelqu'un dans l'assistance.

– Épicure a souffert mais sa souffrance n'a jamais altéré sa sérénité. Qui ne craint pas la maladie et qui réclame la mort ? Aujourd'hui j'ai perdu Arsinoé et la présence d'Épicure me serait chère. Qui mieux que lui sait aimer la vie ? Il l'éclaire, la réchauffe, l'exalte ! Son amitié et sa recherche de l'autre m'auraient aidé à surmonter ce deuil qui m'accable car il ne craignait rien des dieux ; il ne redoutait ni la mort ni la douleur. Il pouvait atteindre le bonheur.

En voyant Alexandros, le souverain retrouva le sourire.

– Je voudrais faire de vous un professeur d'histoire, lui dit-il. Nous avons une centaine de professeurs au Musée. Vous seriez logé et vous toucheriez une pension de l'État pour poursuivre vos travaux tout en donnant des cours. Les étudiants ne manquent pas à Alexandrie. Ce serait pour vous le moyen de toucher un salaire.

Alexandros le remercia.

– En fait, je ne manque de rien. Mon oncle m'a donné assez d'argent avant que je ne quitte la Macédoine…

– Dans ce cas…

Le roi lui parla des nouvelles acquisitions qu'il avait faites pour enrichir sa bibliothèque en achetant des livres en brique ayant appartenu aux souverains d'Assyrie et de Babylone. Puis il enchaîna avec enthousiasme sur des questions de géométrie, les propriétés des sections coniques, la trigonométrie et les huit cent cinquante étoiles qui forment le cosmos. Intarissable, il s'intéressait aussi bien au système nerveux qu'à la circonférence terrestre, citant pêle-mêle Euclide, Hérophile, Aristarque de Samos et Ératosthène.

– Pourquoi la nuit succède-t-elle au jour ? Pourquoi les saisons se suivent-elles et ne se ressemblent-elles pas ? Pourquoi les planètes se déplacent-elles sur la voûte céleste ? Pourquoi existe-t-il des éclipses de Soleil et de Lune ? Alexandros, vous qui êtes un sage, qu'auriez-vous à répondre à cela ?

– La Terre est un disque posé sur l'eau. Tout autour de la Terre tourne l'Univers.

Un disciple de l'école d'Anaxagore crut bon de se mêler à la conversation pour briller aux yeux du roi.

– Comment expliquer alors que le Soleil puisse circuler pendant la nuit, derrière ce disque ? rétorqua-t-il. Le Soleil et la Lune sont sans doute des nuages enflammés qui tombent après avoir traversé le ciel du levant au couchant.

– Je crois plutôt que la Terre est une sphère, intervint le souverain, heureux de cette conversation érudite. L'ombre de la Terre, qui provoque les éclipses de Lune, apparaît toujours ronde. L'avez-vous remarqué ?

Personne n'osa faire remarquer au roi qu'il reprenait là les arguments de l'école pythagoricienne sur la sphéricité de la Terre et sur sa rotation sur elle-même.

– Et toutes ces planètes qui avancent, qui s'arrêtent, qui reculent sur la voûte céleste sans qu'on puisse se l'expliquer… Héraclite prétend que deux planètes tournent autour du Soleil et que le Soleil tourne autour de la Terre en une année.

– Et il a sans doute tort, dit Aristarque de Samos en venant à son tour se joindre à la conversation.

Le roi expliqua à Alexandros qu'Aristarque venait d'achever à Alexandrie son ouvrage sur la distance qui séparait la Lune du Soleil.

– Aristarque prétend que le Soleil est beaucoup plus grand que la Terre.

– Environ trois cents fois plus grand, précisa le savant. On a eu tort de penser que le Soleil était grand comme le Péloponnèse. En outre, le Soleil est fixe, comme toutes les étoiles. C'est la Terre qui bouge.

Ceux qui entendirent ces propos ne purent s'empêcher de sourire.

– Allons donc ! soupira le roi. Je préfère moi aussi penser que la Terre qui porte aujourd'hui votre pharaon est au centre de toute chose. La Terre ne peut être une planète comme les autres. Mais seuls les astres sont divins. Si tu t'obstines à poursuivre sur ce terrain, je crains, Aristarque, que tu ne sois un jour obligé de te justifier devant un tribunal alexandrin comme tu as dû le faire à Athènes. Comment peux-tu soutenir que le Soleil n'est qu'une pierre enflammée et la Lune une terre ?

Des pétales de fleurs tombèrent du plafond pour annoncer l'heure du repas. Chacun se vit attribuer un lit où il s'étendit volontiers. Le vin fut versé dans d'immenses cratères. Les chants commencèrent. Les lyres circulèrent même parmi les convives. Quelques-uns se risquèrent à réciter des vers en tenant une branche de myrte ou de laurier. Certains, dont Alexandros, burent une petite quantité de vin pur avant d'en répandre quelques gouttes à terre en invoquant le nom de Dionysos.

Tandis qu'une joueuse de hautbois modulait quelques notes sur son instrument, le roi parlait maintenant avec autant de curiosité qu'auparavant des nombreux voyages de ses géographes alexandrins qui avaient reçu la mission d'établir une carte du monde aussi exacte que possible.

– Nous avons aussi recueilli une foule de renseignements précieux sur les mœurs des habitants et les produits qu'ils utilisent, précisa l'un d'eux.

– Je leur ai conseillé de reprendre les travaux de Pythéas le Marseillais dont les ouvrages sont bien connus ici. Mon père, Ptolémée Sôtêr, en parlait souvent. Pythéas avait découvert la mer de l'Étain et la mer de l'Ambre. Avant lui, seuls les Phéniciens avaient pénétré dans ces régions. Pythéas partit de Cadix il y a une cinquantaine d'années. Il nota les îles qu'il rencontrait, les noms de leurs peuples. Quand il eut dépassé la Gaule, il arriva sur une île immense dont la côte connaissait des marées d'une hauteur étonnante. Il longea les côtes blanches[1] et s'avança dans la mer du Nord jusqu'à l'embouchure d'un grand fleuve.

Chacun écoutait le roi dans le plus grand silence en grignotant des raisins secs, stupéfait des connaissances du monarque. Le roi poursuivit sur un ton plus doux, comme s'il racontait une fable.

– Là, Pythéas récolta l'ambre jaune. Puis il reprit la mer pendant sept jours. Il longea une île et traversa un grand détroit. Il arriva sur les côtes d'une terre escarpée, Thulé[2], où il séjourna. Il se fit indiquer l'endroit où le soleil repose durant de nombreuses nuits. Alors que l'on était en plein été, les nuits étaient courtes et les journées n'en finissaient pas.

Alexandros observait le visage du roi qui ressemblait à celui d'un enfant rêveur.

– Pythéas vit de gros blocs de glace. Un courant maritime[3] qui venait des tropiques réchauffait les eaux de la mer. Il se mêla aux indigènes qui récoltaient de l'avoine, des fruits et du blé. Il en choisit quelques-uns comme pilotes et poursuivit sa route vers le nord, mais il dut s'arrêter parce que la mer

1. Les falaises de craie de la région de Douvres.
2. Sans doute la Norvège.
3. Le Gulf Stream.

n'était plus ni de l'eau ni de l'air. Des poumons marins[1] rejetés par la respiration de la mer lui dissimulaient la voie à suivre. Il était parvenu à la mer de Saturne, aux régions marines interdites. Il était parti pendant huit mois et avait navigué cent quinze jours.

Un long silence suivit le récit du roi.

– J'ai donc repris les informations de Pythéas et me suis rendu dans le Nord, reprit le géographe.

L'attention d'Alexandros fut à cet instant attirée par un groupe qui évoquait un peu plus loin la mort curieuse d'Apollônios dont le roi ne semblait pas vouloir parler.

– On raconte, murmurait l'un, qu'il aurait été tué par une jeune femme qui a laissé tomber l'un de ses bracelets dans sa fuite. Un garde l'a vue sortir du palais au moment où il se dirigeait vers le jardin en feu.

– Une jeune femme? s'étonna son voisin. Mais comment aurait-elle pu le transpercer d'une lance?

– C'est bien là tout le mystère.

Alexandros avait du mal à entendre car la conversation portait maintenant sur la médecine et sur le fait que le roi avait autorisé les médecins à disséquer les corps, ce qui était formellement interdit en Grèce. Le savant Hérophile le loua d'avoir ainsi fait progresser la médecine, les Égyptiens étant habitués à disséquer les cadavres grâce à la pratique de l'embaumement.

1. Brouillards opaques.

– Voyez quels maîtres nous avons au Musée ! s'exclama le roi à l'attention d'Alexandros. Hérophile a été formé à la rigueur des sciences exactes par Straton de Lampsaque, un disciple d'Aristote ! Nous avons tous deux ceci en commun qu'il fut notre professeur et je puis donc parler en toute connaissance de cause. Straton respectait les faits et se souciait d'expérimenter ses trouvailles. Il ne voulait rien enseigner qu'il n'eût vu et manifestait un profond dédain pour toute théorie qui n'était pas mise en pratique.

– Et il avait raison, approuva Hérophile. Si vous le souhaitez, Alexandros, je vous montrerai les organes du corps humain. Mes étudiants sont transportés de joie par la connaissance de la machine humaine.

– Hérophile écrit ses *Anatomica.*

Alexandros le félicita sans attacher beaucoup d'intérêt à ses propos exaltants car le savant avait sorti la clepsydre dont il ne se séparait jamais et tâtait le pouls de ses voisins.

– Le système circulatoire et les battements du cœur sont une pure merveille. Mais il y a aussi le nerf optique, le cerveau qui est, à mon avis, le centre du système nerveux, les artères, qu'il ne faut pas confondre avec les veines, la liaison du cerveau à la moelle épinière, les tendons, qu'il convient de distinguer des nerfs…

– N'est-ce pas magnifique ? reprit le roi. Je vais vous révéler quelque chose : Arsinoé a mis au monde ses enfants grâce à une technique propre à Hérophile qui a beaucoup amélioré la pratique de l'accouchement. Et je regrette ce soir l'absence d'Érasistrate qui sait comment fonctionne le moindre organe…

Ptolémée sourit en voyant la moue d'Hérophile.

– Il est rare que les savants soient d'accord… Je leur dois pourtant beaucoup à l'un comme à l'autre car Hérophile a su soulager Arsinoé et Érasistrate a endormi un mal qui me rongeait avec du suc de mandragore juste avant de l'extraire et de m'opérer.

Soudain, tout le monde se tut pour écouter de nouveau Théocrite dont les Alexandrins appréciaient les chants alternés reproduisant les improvisations des pâtres siciliens sur des thèmes rustiques.

Quand le poète eut fini, le roi incita Alexandros à improviser et à répondre en vers à Théocrite. C'était une gymnastique de l'esprit à laquelle le Macédonien était habitué car ses professeurs de lettres l'avaient autrefois entraîné à improviser pour développer son imagination. Aussi Alexandros se plia-t-il de bon cœur à ce défi en adoptant la veine réaliste et pastorale à la mode alexandrine. Il chanta les paysans, leurs mœurs, leurs costumes, les arbres, les fleurs, les insectes, les oiseaux.

Empruntant à Homère, qu'il connaissait par cœur, Alexandros fit revivre une campagne que les convives du roi respirèrent soudain à pleins poumons. Et comme Théocrite répondait par de brèves notations et par de légères nuances qui valaient mieux que de longues descriptions, la vérité transparaissait à travers l'émotion.

Les deux hommes furent applaudis.

– Je suis admiratif, reconnut le roi. Alexandros a mis en scène de vrais bergers. Leur façon de parler était primesautière et si fraîche. Comment connais-tu leurs proverbes et leurs superstitions ? Ainsi donc voir des loups fait perdre la parole ?

– Je ne puis égaler la langue de Théocrite, répondit humblement Alexandros. Sa façon de mêler plusieurs dialectes grecs ainsi que la musique de ses vers font de ses poèmes des œuvres exceptionnelles.

La soirée se poursuivit par des mimes d'Hérondas et la lecture d'extraits de romans sentimentaux dont on goûta la délicatesse, les histoires d'amour étant particulièrement prisées.

Quand tout le monde eut bien bu, Alexandros s'approcha des deux jeunes gens qui s'étaient entretenus du meurtre d'Apollônios. Ils avaient abandonné leur sérieux pour jouer au jeu populaire du cottabe en tentant d'atteindre avec le vin qui restait dans leur coupe une cible prévue à cet effet. Ce jeu, que Ptolémée exécrait pour sa vulgarité, devint pourtant le centre d'intérêt de quelques convives pris par la passion de Dionysos.

Alexandros s'étendit sur un lit laissé vacant et parla sans détours.

– Je vous ai entendus disserter sur la mort du dioécète, dit-il, et j'ai eu l'impression que vous étiez bien informés sur le meurtre.

– Certainement pas autant que toi, ami, lui répondit l'un des deux hommes. N'étais-tu pas présent quand notre dioécète a été tué ?

Alexandros rougit. Il ne pensait pas que la rumeur se fût répandue aussi vite.

– En réalité, je n'ai rien vu. Mais je vous ai entendus parler d'une jeune fille…

– Oui. Elle a perdu l'un de ses bracelets en s'enfuyant. Mais elle ne pouvait être seule. Une femme tue avec du poison, non avec une lance !

– Mais aucun homme n'a été vu avec elle ?

– Pas que je sache.

– Et comment savez-vous qu'elle était jeune ?

– Parce que l'un des gardes l'a aperçue. Le policier chargé de l'enquête nous a fait part de son témoignage.

– Avez-vous vu le bracelet ?

– Oui. Un bijou magnifique en or ciselé et en lapis-lazuli représentant des serpents entrelacés. Le fermoir se termine par une tête de chouette.

– Une tête de chouette ? s'étonna Alexandros.

– Oui. Mais pas une représentation classique de la déesse Athéna. Une tête de chouette dont les deux yeux en pierres précieuses divergent.

Alexandros blêmit et les remercia. Ce bijou ne lui était pas inconnu.

23

Le lendemain, Alexandros se précipita chez le policier chargé d'enquêter sur le meurtre d'Apollônios. Toute la police d'Alexandrie avait été réquisitionnée pour aboutir à un résultat rapide.

Alexandros dut beaucoup insister pour être reçu.

– Le roi nous a ordonné de lui faire un rapport dès demain. Il est impossible de recevoir tout le monde !

– Je ne serai pas long, promit Alexandros. Je veux seulement voir le bracelet que vous avez trouvé. Je crois connaître la personne à qui il appartient.

Le policier le regarda d'un air suspicieux.

– Dans ce cas... Le bracelet est aux mains du responsable de la police qui travaille au palais. Tenez, lui dit-il, après avoir ordonné à son scribe de rédiger une courte lettre en faveur d'Alexandros. Avec ce mot, vous serez reçu et écouté.

Bien qu'il eût pu facilement réclamer l'aide du roi,

Alexandros tenait à laisser le souverain en dehors de ses démarches. Il remercia le policier et retourna au palais.

Le Macédonien avait aperçu le responsable de la police la veille. Celui-ci le reconnut aussitôt et ne daigna même pas lire le mot qu'il lui tendait.

– Ce sera inutile, dit-il en riant.

Alexandros lui demanda de garder la plus grande discrétion sur sa visite.

– Même envers les personnages les plus hauts placés, ajouta-t-il.

– Soit ! Je crois comprendre. Personne ne sera au courant. Vous avez ma parole. Que souhaitez-vous savoir ?

Alexandros lui répéta ce qu'il avait dit au policier.

– Je vais chercher de suite le bracelet. Il s'agit d'un bijou de grand prix qui nous a conduits à enquêter dans la haute société d'Alexandrie. Nous avons déjà fait le tour des bijoutiers de la ville. Aucun d'entre eux ne vend de telles pièces, mais tous affirment que ce bijou a été fabriqué en Grèce. Le travail en est remarquable...

Il s'interrompit pour donner l'ordre d'ouvrir un coffre dans lequel étaient enfermées les pièces à conviction les plus précieuses.

– Où est-il ? Allons ! Dépêchez-vous !

Alexandros en profita pour lui demander si l'enquête progressait.

– Peu, hélas ! Et je crains le pire. Au stade actuel de l'enquête, nous ne savons pas où chercher le coupable. Personne n'a rien vu, sauf ce garde. La seule piste que nous ayons est ce bijou. Quant à la jeune femme, je n'y crois pas trop. Il s'agissait sans doute d'un homme portant une perruque et un déguisement. A vrai dire, je ne sais plus que penser et le roi nous a ordonné de lui amener le coupable avant son départ.

– Vous croyez qu'un homme aurait pu revêtir des habits féminins pour ne pas être reconnu ?

Le responsable de la police se gratta la tête.

– Je ne suis sûr de rien. Le garde nie formellement avoir vu deux personnes. Or, une femme ne peut avoir porté seule un tel coup de lance !

– Un complice se trouvait peut-être dans le palais…

– Je n'ignore pas la visite que vous avez rendue à Apollônios.

– Serais-je suspect ?

– Il m'est impossible d'exclure une telle éventualité, malgré votre réputation. Mais quel serait votre mobile ? Ah ! Voici le bijou !

Alexandros le reconnut aussitôt. Il s'agissait du bracelet qu'Héléna portait le jour de la fête célébrant Dionysos.

– Le reconnaissez-vous ?

– Non… Finalement, non. Je me suis trompé, mentit Alexandros. J'en suis désolé car j'aurais bien voulu vous aider.

Alexandros remercia le responsable de la police, très attentif à ses réactions et qui était autant respecté que le dioécète dont il dépendait.

– Si vous vous souvenez d'un autre détail, d'une

silhouette, d'une réflexion d'Apollônios qui pourrait nous guider...

– Je reviendrai immédiatement vous voir, promit le Macédonien. Je souhaiterais sincèrement vous aider.

– Vous ne comptez pas quitter notre ville dans les prochains jours ?

Alexandros sourit.

– Non. Si vous voulez venir m'arrêter une seconde fois, je serai là, mais je doute que mon arrestation intéresse beaucoup de monde à Alexandrie désormais.

– Je ne pensais qu'à recueillir votre témoignage...

Alexandros le salua.

– Je l'entendais bien ainsi.

Alexandros ne se hâta pas d'aller travailler. Il s'arrêta à l'Odéon qui était sur son chemin, non loin du palais. Il pénétra dans l'édifice en demi-cercle où étaient assis quelques étudiants qui répétaient des cours. Lui-même s'assit sur le dernier gradin, le plus haut, qui était abrité du soleil, et contempla la petite scène en pierre devant laquelle venaient parfois délibérer des orateurs et des hommes politiques ou jouer des musiciens.

Son regard vide et son air absent témoignaient de sa surprise et de son égarement.

– Je n'y comprends vraiment plus rien, murmura-t-il. Héléna a-t-elle cherché à faire ma connaissance pour mieux m'espionner et protéger son père ? Est-elle la complice de Zénodote ? Sont-ils responsables des meurtres de Tousert et de Néferet ?

Alexandros erra sur le marché. A cette heure étaient rassemblés tous les produits en provenance de la mer et des campagnes. Du quartier des ports, de celui des gymnases, du quartier intellectuel et militaire, du quartier Delta habité par les Juifs affluait une foule grouillante et bavarde qui répondait aux appels braillards des chalands faisant le va-et-vient entre leurs étals et les chantiers navals ou les entrepôts situés dans l'anse du petit port. Le peuple égyptien se mêlait aux soldats macédoniens et aux mercenaires dans une cohue indescriptible.

Les citoyens inscrits sur le registre d'un dème prétendaient avoir priorité sur les simples résidents et sur ceux qui, bien que travaillant dans la ville, avaient gardé leur citoyenneté d'origine.

– Que fais-tu là, toi le paysan, à venir acheter notre poisson ? Retourne dans tes champs ! cria une Alexandrine à un cultivateur. Tu as de quoi manger, nous pas !

Elle céda cependant sa place à l'ethnarque[1] de la communauté juive et le salua. Celui-ci lui répondit en araméen.

De l'Heptastade, la jetée de sept stades qui séparait les deux ports d'Alexandrie et conduisait au phare, arrivèrent de nouveaux chargements de produits frais. Du bois en provenance de Carie, de Chypre et de Phénicie, nécessaire à la construction de bateaux, fut débarqué de la thalamège royale qui, tout en étant un navire d'apparat, avait égale-

1. Juge suprême.

ment des fonctions commerciales. De la campagne située entre Alexandrie et Canope arrivèrent des moutons et des fruits ; des lacs et des zones marécageuses du papyrus ; des légumes des terres fertiles baignées par le bras Canopique et de remarquables denrées du Delta et de Schédia, où avait été placé le péage des marchandises qui montaient ou descendaient le Nil.

Des femmes trop maquillées, venant des lieux de plaisance de Canope, achetaient les denrées les plus chères. Coquettement drapées dans leur tunique, elles portaient des coiffures variées, parfois insolites. Leurs chevelures étaient retenues par des rubans ou de petites coiffes. Leur bras droit passé derrière les reins faisait ressortir leur taille et leur poitrine.

Et dans cette ville bâtie en damier comme une cité des morts égyptienne, où les vents étésiens, soufflant du nord à l'est, rafraîchissaient les vastes avenues en s'engouffrant de la mer au lac Maréotis dans les moindres ruelles jusque sur l'acropole où reposait le dieu Sérapis, Alexandros se sentit à la fois chez lui et loin de sa patrie. Il acheta du papyrus et un gobelet en verre.

Comme des armateurs s'apprêtaient à embarquer du blé pour l'exportation, il gagna le rivage du petit port où étaient également chargés des poteries, des étoffes, des parfums, de la mosaïque, des onguents et des aromates. Des couronnes tressées à Naucratis allaient prendre le chemin de la Grèce où elles étaient très appréciées. Drogues et élixirs pharmaceutiques partaient pour Athènes. Des marins circulaient, des amphores sur l'épaule ou des paniers sur le dos, vêtus de pagnes courts. Des Noires déambulaient avec nonchalance, un panier sur la tête. Un esclave noir observait ces va-et-vient d'un air arrogant.

N'y tenant plus, Alexandros eut soudain l'idée de se rendre au gymnase, là où tous les athlètes connaissaient Tousert. Il acheta un flacon plein d'huile et gagna le terrain de sport où les hommes s'entraînaient à la lutte, à la boxe, au pancrace, au saut en longueur et au lancer du disque et du javelot.

Le gymnase situé près de la bibliothèque lui avait paru bien aménagé. Il ne fut pas déçu. L'établissement avait été conçu pour le sport et la lecture. La cour carrée centrale était entourée d'arbres et de bustes d'Hermès. De jeunes athlètes s'y entraînaient dans des exercices de balles et de cerceaux sous l'œil exercé et sévère d'un professeur vêtu d'une chlamyde rouge, qui n'hésitait pas à les corriger à l'aide d'un bâton fourchu. Tout près d'eux, un joueur de hautbois rythmait leurs pas.

Alexandros se rendit dans la salle de sable et de poussière. Il prit d'abord un bain d'eau glacée et se recouvrit le corps de sable et d'huile. Comme un esclave lui proposait ses services, Alexandros accepta.

– Je viens de Macédoine, dit-il, comme la plupart des habitants d'Alexandrie mais je suis là depuis peu. Je ne connais donc pas d'endroit pour acheter mon huile. J'en ai pris sur l'agora…

Il parlait assez fort pour être entendu de deux Grecs qui se préparaient eux aussi à l'entraînement. Comme il s'y attendait, l'un d'eux vint le saluer.

– Si je puis me permettre, lui dit l'athlète dont la carrure musclée était impressionnante, l'huile la meilleure est celle de Tousert. Elle protège des brûlures du soleil et de la morsure du vent sans donner de rougeurs ou de démangeaisons. Je te la recommande et je t'en offre pour aujourd'hui.

– Je connais le prix de l'huile, répondit Alexandros. J'irai en acheter. Mais ce Tousert, n'est-ce pas cet homme récemment décédé ?

– Hélas ! Nous craignons tous que sa maison ne disparaisse. Mon ami m'a rassuré. Il prétend que sa femme a toujours veillé sur la bonne marche de ses affaires avec son fils Sethnacht.

– La voilà débarrassée d'un malotru, dit l'ami en question. Cela faisait des années qu'ils ne s'adressaient plus la parole ! Sethnacht rêvait de voir son père mort. C'est maintenant chose faite ! Je le connais, Sethnacht ! Il ne se confie pas facilement, mais, parfois, la coupe débordait et il se livrait sans retenue. Sa mère aurait même tenté d'assassiner son époux, il y a quelques années, quand il la battait. Depuis, il fréquentait les filles de Canope. On raconte même qu'elle a tout fait pour connaître sa fameuse formule qui permet de conserver le vin et qu'elle l'a tué après avoir réussi à le faire parler. Si c'est vrai, à elle la fortune !

– Et à Sethnacht, répondit Alexandros, pensif.

– Ami, tu peux prendre mon huile car Sethnacht m'en donne et refuse de l'argent de moi. J'irai en chercher ce soir au domaine. Cela me fera une occasion de le voir car, depuis la mort de sa demi-sœur,

Sethnacht ne vient plus au gymnase. Il doit avoir trop à faire !

– Je connaissais la sœur de Sethnacht, dit Alexandros en s'écartant de l'esclave qui huilait son corps nu et en le remerciant.

– Sa demi-sœur. Néferet était la fille de Tousert. Il l'avait eue avec une danseuse de Canope et l'avait imposée chez lui. Encore une pomme de discorde. Ah ! Elle était belle, Néferet, mais elle était aussi effrontée que sa mère !

Les deux amis éclatèrent de rire.

– Quel Alexandrin n'a pas apprécié la beauté de ses formes ? Elle était savante dans l'art d'aimer et nous en gardons tous deux de tendres souvenirs.

Alexandros éclata de rire et gagna la cour d'entraînement en leur compagnie.

– Dis-nous, avec Néferet, toi aussi tu... ? lui demanda le lutteur.

– Oui, répondit simplement Alexandros. Moi aussi.

Alexandros n'avait pas fait de sport depuis son arrivée dans la ville, que les Égyptiens appelaient « la cité proche de l'Égypte ». Aussi fut-il agréablement surpris de constater qu'il n'avait rien perdu de son adresse au javelot, de sa puissance au saut en longueur, de sa maîtrise à la lutte ni de son astuce à la boxe. Il se promit d'aller au stade pour réaliser quelques courses de deux cents ou quatre cents mètres où il excellait, les courses sur de longues distances ne l'ayant jamais séduit.

Non seulement cette journée sportive lui redonna

goût à l'étude, mais elle le fit progresser dans son enquête. Au contact de ses adversaires, Alexandros apprit en effet que Tousert avait tout légué à sa fille Néferet, hormis ce qui revenait au roi, et que Sethnacht et sa mère auraient tout perdu si la jeune Égyptienne était restée en vie. Après la description que les athlètes lui firent de la mère de Néferet, Alexandros ressentit l'envie de la connaître et se promit de lui rendre visite.

Quand il eut achevé son entraînement, Alexandros s'attarda avec plaisir dans les salles de philosophie du gymnase où les athlètes prenaient plaisir à discuter après l'effort. Il goûta aux différents plaisirs des bains, passant de la piscine d'eau glacée aux bassins d'eau bouillante où il sua en compagnie d'autres Macédoniens venus séjourner à Alexandrie.

Puis il gagna la bibliothèque du palais. Sa seule préoccupation demeurait l'état de santé d'Héléna, qui n'était peut-être pas aussi malade que Zénodote voulait le laisser entendre si elle s'était trouvée au palais le jour de l'assassinat d'Apollônios.

Comme il s'apprêtait à pénétrer au Musée, Alexandros fut attiré par une voix familière. L'homme parlait bas avec beaucoup de discrétion. Alexandros se retourna, surpris.

– Mon oncle ! s'exclama-t-il. Mais que fais-tu là ?

Le Macédonien serra dans ses bras celui qui l'avait élevé avec une affection manifeste, quelque peu exubérante.

Son oncle lui rendit ses caresses et laissa éclater sa

joie. Les Alexandrins se retournaient en riant devant tant de bonheur.

– Mais que fais-tu là ? répéta Alexandros. Quand es-tu arrivé à Alexandrie ? Raconte...

Alexandros entraîna son oncle vers une borne en pierre sur laquelle ils s'assirent.

– Doucement... Je suis arrivé il y a plusieurs jours, mais je ne voulais pas te déranger. En fait, je n'avais pas l'intention de te faire part de ma venue avant que tu n'aies achevé ton travail. Tu me manquais et je craignais pour toi que tu n'ailles fouiner là où il ne faut pas...

Alexandros sourit tendrement à son oncle.

– Ce que tu n'as pas manqué de faire.

– Comment le sais-tu ?

– Oh ! Je ne suis pas né de la dernière pluie ! Mais, après tout, c'est peut-être mieux ainsi car il est difficile de vivre avec un mystère aussi pesant que celui qui enveloppe la mort brutale des êtres que nous aimions.

– Tu as fait ce voyage au péril de ta vie ! Les pirates infestent les mers. Que serait-il advenu de toi si le navire qui t'a amené jusqu'ici avait été attaqué ?

– Surtout qu'il s'agissait d'un navire marchand !

Alexandros fit mine de se mettre en colère.

– J'ai réfléchi. Je ne suis ni une jeune et jolie femme que des pirates peuvent revendre sur des marchés ni un homme solide dont on peut faire un esclave. A mon âge tout est permis...

– Et où loges-tu ?

– Chez l'habitant, chez un Grec de Philippi.

Comme Alexandros voulait l'inviter à partager sa chambre, le vieil homme refusa.

– J'irai coucher au Musée, là où sont hébergés tous les savants reçus par le roi ! Tu seras plus tranquille…

– Pas question. Tu vas me promettre de continuer tes recherches comme tu les as commencées, sans te soucier de moi. Sache seulement que je suis présent à Alexandrie si tu as besoin d'aide. Et maintenant, allons déguster une de ces spécialités dont cette magnifique cité a le secret. Cette ville me redonne ma jeunesse avec son luxe et sa joie de vivre ! Je sais que ma terre et nos bêtes sont dans d'excellentes mains. Notre voisin Pibos s'en occupe. Je n'avais pas voyage depuis si longtemps ! Ce sera peut-être mon dernier voyage, mais j'aurai revu Alexandrie !

24

Quand Alexandros arriva au quartier de Canope, le soleil était à son zénith. De jeunes Grecs fréquentaient les nombreuses tavernes. Quelques femmes au vêtement souple et léger arpentaient les rues, des bracelets aux poignets et aux bras, entre le coude et l'épaule. Elles portaient toutes des colliers, des boucles d'oreilles et des anneaux autour des jambes. La plupart de ces bijoux, en forme de spirales ou de serpents lovés, leur donnaient l'allure d'Égyptiennes alors que la majorité était grecque. Leurs oreilles semblaient décorées de petites rondelles de métal précieux ornées d'une rosace ou de figurines d'animaux qui leur servaient en même temps d'amulettes. Elles s'éventaient en marchant avec des écrans en bois, en forme de cœur et de feuilles d'arum, qui produisaient une joyeuse harmonie de couleurs verte, bleue, blanche et dorée. Toutes se grandissaient à l'aide de talonnettes qu'elles plaçaient entre le pied et la chaussure, la couleur de ces dernières ayant été choisie en accord avec celle de leur éventail ou de leur ombrelle.

Bien qu'il ne sût pas l'adresse exacte de la mère de Néferet, Alexandros n'était pas inquiet : ses nouveaux amis du gymnase lui avaient appris que tout le monde la connaissait dans le quartier de Canope. Aussi interrogea-t-il un commerçant qui vendait son vin derrière un comptoir en pierre dans lequel il avait disposé diverses jarres où il puisait avec une louche à long manche. Comme les clients se pressaient, le commerçant ne se montra guère empressé de répondre à ses questions. Cependant lorsque Alexandros prononça le nom de Néferet, son visage s'illumina.

– Ah ! Cette pauvre fille. Elle venait parfois traîner par ici pour voir sa mère.

– C'est précisément à elle que je viens rendre visite, lui dit Alexandros en laissant passer deux clients devant lui.

Le visage du commerçant s'assombrit.

– Et que lui voulez-vous ?

– Rassurez-vous. Je veux seulement l'interroger sur sa fille…

– On dit ça… marmonna l'homme en remplaçant une jarre vide par une pleine dans l'orifice du comptoir prévu à cet effet. Khéty n'aime guère que l'on donne son adresse.

– Vous me rendriez grand service…

Le commerçant hésita encore.

– Soit. Vous la trouverez là-bas au bout de cette rue étroite sur la gauche. Elle habite l'immeuble à la porte rouge, mais à cette heure elle se repose.

Alexandros le remercia et décida de ne tenir aucun compte de sa remarque. Il suivit la ruelle que le commerçant lui avait indiquée où se succédaient de nombreuses portes aux heurtoirs en forme de phallus, signe que l'on menait dans ce quartier une vie licencieuse.

La rue paraissait morte. Aucune âme aux fenêtres, pas plus qu'aux balcons. Des filets d'eau s'écoulaient lentement de part et d'autre de la chaussée aux pavés énormes et disjoints.

Alexandros poussa la porte rouge qu'on lui avait indiquée et pénétra à l'intérieur du petit immeuble. La première porte à laquelle il frappa était la bonne. Encore tout endormie, Khéty vint lui ouvrir dans une tunique en lin fin. Sa tenue négligée mit le Macédonien mal à l'aise.

Il n'en reconnut pas moins les traits sauvages et l'éclat des yeux de Néferet.

– Vous êtes bien Khéty ?

L'intéressée bougonna.

– Mais quelle heure est-il ? Ne savez-vous pas que cette rue se réveille après les chaleurs de l'après-midi ? J'ai dansé toute la nuit. Je suis éreintée.

Sans s'excuser, Alexandros pénétra dans une pièce rectangulaire dont le plafond était soutenu par des colonnades. Il la traversa et s'installa dans une grande salle de réception carrée dans laquelle la lumière jaillissait de hautes fenêtres à petits barreaux carrés de pierre. Colonnes et chapiteaux étaient décorés de motifs végétaux. Toutes les portes de communication étaient peintes en rouge.

Alexandros s'empara d'une jarre contenant de l'eau parfumée et la renversa sur ses mains couvertes de poussière.

– Ne vous gênez pas ! s'exclama Khéty en plaçant ses mains sur ses hanches.

– Je suis sûr que vous alliez m'inviter à me rafraîchir...

– Soit, mais...

Alexandros s'assit dans un fauteuil couvert de coussins aux dessins multicolores. Autour de lui étaient harmonieusement répartis petits et hauts tabourets aux pieds en col de cygne joints à un guéridon, sur lesquels les serviteurs déposaient les mets des repas durant les réceptions. Des lampadaires surmontés de vastes coupes contenaient l'huile alimentant la flamme dont le support était fait d'une mèche de chanvre.

Khéty versa du sel dans l'un d'entre eux pour éviter la fumée et éteignit les torches qui brûlaient aux angles de la pièce.

– Je ne supporte pas toute cette fumée dans mes yeux d'aussi bon matin. Elle me donne des paupières de coq jusqu'au lendemain.

Alexandros s'étonna de l'ordonnance tout égyptienne de l'appartement.

– Et alors ? Nous sommes en Égypte que je sache ?

se défendit Khéty. L'Égypte n'appartient pas aux Grecs !

– Je crois bien que si.

De chaque côté de la salle étaient réparties les dépendances. Dans l'une d'elles Alexandros aperçut des coffrets de bois peints et des couvercles à pupitre. Khéty en ferma vivement la porte.

– Vous n'allez tout de même pas fouiner dans mes comptes et dresser, à ma place, l'inventaire annuel de mes biens ? Et pourquoi ne pas vous installer aussi dans les pièces du fond ?

Alexandros s'excusa.

– Et maintenant, je vous écoute. Présentez-vous !

Le Macédonien déclina son identité et lui apprit qu'il avait eu une liaison avec Néferet.

– Tous les hommes ont eu, un jour ou l'autre, une liaison avec Néferet, répliqua Khéty en se retournant pour dissimuler des larmes qu'elle tentait de refouler.

Alexandros crut bon de lui en dire davantage sur son passé.

– Ah ! C'est donc vous, le petit Agathos. Votre histoire a fait le tour de la ville…

– Vous connaissiez mes parents ?

– Votre père et un peu votre mère… Je comprends que vous cherchiez à savoir la vérité, à votre place, j'en aurais fait tout autant.

– Mais mon père venait parfois dans le quartier de Canope ?

Khéty rougit légèrement.

– Oh ! non. Il n'était pas homme à fréquenter les

tavernes la nuit. C'était quelqu'un de très bien. Vous devez garder de lui le souvenir d'un homme digne d'estime. Il le méritait.

Maintenant plus confiante, Khéty gagna la salle de lustration en priant Alexandros de l'accompagner.

– Il m'est insupportable de rester aussi négligée devant un homme, si jeune soit-il, confia-t-elle avec un sourire charmeur.

Elle claqua de ses jolis doigts pour appeler deux servantes qui prirent place sur deux petits bancs de chaque côté de la baignoire et versèrent l'eau nécessaire à sa toilette.

– Retournez-vous un instant, dit Khéty, et cessez de rougir.

Elle se dévêtit et se laissa laver avec plaisir. Puis elle s'étendit sur une banquette recouverte de nattes pour se faire masser.

Les servantes répandirent sur son corps des onguents et des huiles odoriférantes.

– Cette huile a une odeur trop forte pour la saison, remarqua-t-elle sans agressivité. Il faudra choisir un autre parfum. Vous changerez aussi la couleur de mon fard à paupières. Il est trop sombre.

Pendant qu'une servante lui massait les épaules après avoir caché ses jambes et son intimité sous une étoffe en lin, la deuxième domestique réparait et coiffait une perruque d'un noir de jais.

– Vous comptez me tourner le dos longtemps ? dit Khéty en plaisantant.

Alexandros se retourna. Il fut ébloui par le nombre de récipients et de fioles à parfum que contenaient les coffrets de toilette. Certains étaient en bois précieux de Nubie, d'autres en ivoire, en verre multicolore transparent ou en albâtre propre à conserver crèmes et parfums. Les coffrets présentaient des formes variées, celle d'une mandragore, d'une grappe de raisin, d'un lotus et d'un ibex.

Les miroirs à manche en os, représentant la déesse Hathor, patronne des femmes, se terminaient par des disques de cuivre. Une boîte à fards était faite à l'image d'une nageuse nue poussant un cygne aux ailes articulées qui servaient de récipients. Tous les peignes, toutes les pinces à cheveux qui permettaient de soulever les lourdes mèches, tous les démêloirs portaient des décors raffinés.

– Ces nécessaires de toilette appartenaient à ma mère, qui les tenait de sa grand-mère. J'aurais voulu les donner à Néferet, bien que ma fille ne manquât de rien au domaine de Tousert…

– Je suis au courant, dit Alexandros. Je sais que Tousert est le père de Néferet et qu'il lui avait légué toute sa fortune…

Khéty blêmit soudain.

– Je ne voulais pas vous offenser.

– Ce n'est pas cela… Je ne savais pas qu'Iyi lui avait tout laissé. Il l'aimait parce qu'elle était ma fille, mais il ne s'en était jamais occupé… comme un père.

Bouleversée, Khéty ordonna à sa servante de cesser les massages. Elle se leva sans se soucier de sa nudité dans un geste si naturel qu'Alexandros n'eut pas le temps d'en être choqué.

– Sers donc du vin à mon invité au lieu de rester ainsi les bras ballants, dit-elle à sa domestique.

Alexandros respecta son silence. Khéty s'enveloppa dans une fine tunique et regarda par la fenêtre. Le bassin de l'immeuble ressemblait à un petit lac agrémenté de lotus et de poissons. A côté du bassin, la vigne de la tonnelle n'était pas encore assez épaisse pour empêcher le soleil de passer.

– J'aimais Iyi, dit Khéty, et je crois qu'il m'aimait aussi. Il venait souvent me voir. Nous nous asseyions au bord de ce bassin. C'était sa seule distraction car il travaillait tout le temps. Il ne supportait plus son épouse, mais il respectait les lois sacrées du mariage et il n'aurait jamais abandonné celle qu'il avait épousée. Bien que l'adultère fût très mal accepté dans notre pays, Iyi a reconnu Néferet. Il lui a fait donner les meilleurs cours, mais, un jour, ses camarades d'école lui ont dit : « De qui es-tu donc la fille ? Tu n'as pas de père ! » Elles l'ont injuriée et tourmentée pour que Néferet révélât à tous qui était ce père inconnu dont elle cachait le nom.

Alexandros éprouva de la tendresse pour cette femme qu'il sentit soudain malheureuse.

– Et savez-vous ce que ma fille a fait alors qu'elle n'avait que douze ans ? Elle a préféré se laisser battre plutôt que de révéler le nom de celui qui l'avait engendrée car je lui avais fait promettre de ne jamais parler de cet homme qui venait me voir et qui m'aimait.

Khéty resserra la tunique autour de son corps comme si elle avait voulu se protéger du destin.

– Quand Iyi apprit ce qui s'était passé, il emmena aussitôt Néferet dans son domaine où il l'imposa à tous. J'étais désespérée car il m'arrachait ma fille, mais il me consola en me jurant qu'elle ne manquerait de rien et qu'elle recevrait la meilleure éducation qui fût.

Khéty se tut quelques instants.

– En fait, je crois que Néferet lui en a toujours voulu de ne pas avoir fait de moi sa femme légitime et de s'être montré si distant à l'égard des siens. Moi seule le comprenais.

Alexandros la trouvait bouleversante et belle dans la peine. Son apparente jeunesse l'étonnait et le séduisait. Elle lui semblait tellement égyptienne dans ses mœurs, dans sa tenue et dans le moindre de ses gestes qu'il comprenait ce que Tousert avait dû ressentir en la voyant pour la première fois. Elle paraissait incarner la déesse Macêt, symbole de l'équilibre cosmique et de la justice, rayonnante dans sa pureté, dont les vizirs et les juges portaient autrefois une représentation autour de leur cou. Elle arborait les hanches galbées, la taille fine et les seins menus des danseuses.

Alexandros avait eu le temps d'apprécier ses longues jambes minces et sa haute poitrine sur laquelle retombait sa chevelure aux mèches soignées. Toutefois sa pâleur l'inquiétait. Elle ordonna à ses servantes de l'habiller si bien qu'Alexandros eut le délicieux plaisir de la voir vêtue à la grecque avec des bijoux typiquement égyptiens qui devaient dater, eux aussi, de ses ancêtres.

De grosses perles et un large gorgerin étaient complétés par des périscélides de style géométrique. Perfectionniste, Khéty paracheva sa toilette d'un bandeau de tête en or aux décors floraux et de boucles d'oreilles colorées. Elle chaussa délicatement les sandales incrustées de fleurs dorées qu'elle avait ôtées pour se baigner.

– L'héritage de Néferet me revient-il ? demanda-t-elle soudain.

– Je ne crois pas. Tousert ne paraît pas avoir laissé de directives en ce sens et, dans ce cas, l'héritage revient à Sethnacht et à sa mère. Il ne pensait pas que sa fille décèderait aussitôt après lui…

– Voilà un bel euphémisme pour qualifier un assassinat !

– S'il est prouvé que Tousert et Néferet ont été assassinés, peut-être le juge interviendra-t-il en votre faveur.

– J'en doute car si Tousert s'était séparé de sa femme, il aurait été contraint de lui céder une bonne partie de son patrimoine. Quant à la pénalité liée au divorce, elle aurait été d'autant plus élevée que c'est lui qui avait commis le grand crime.

– Le grand crime ?

– Oui. L'infidélité punie du crocodile.

Khéty s'assit sur une banquette recouverte de coussins en face d'Alexandros. Elle avait retrouvé ses couleurs et se confiait au Grec avec chaleur. Le Macédonien s'avoua à lui-même que cette présence lui était agréable.

– Tousert a toujours été bon avec Néferet lorsqu'elle était enfant. Quand elle avait des quintes de toux, il m'apportait du lait mêlé de miel et des dattes sucrées pour lui adoucir la gorge, dans de petits récipients en forme de femme accroupie que j'ai précieusement gardés. De moi il n'exigeait rien, mais il aimait me voir apprêtée et coquette. Il ne supportait guère les sautes d'humeur. Pour lui plaire, je lui jouais de la harpe et remplissais la maison de parfums frais. Comme il goûtait les tuniques en lin que l'on confectionne au sous-sol de cet immeuble, j'allais moi-même surveiller le tissage du lin blanc donné par la plante couleur du ciel et lui en offrais une de temps à autre.

– Vous avez gardé ce raffinement qui plaisait tant à Tousert.

Khéty éclata de rire en tendant ses doigts à une nouvelle servante qui passa ses ongles au henné. Mais son rire fut de courte durée.

– Apprendre la mort d'Iyi et de Néferet a été d'autant plus dur que j'étais seule ici quand l'une de mes servantes est accourue pour m'en informer. J'aurais voulu m'occuper moi-même de l'enterrement d'Iyi. Son corps aurait été lavé, ses viscères prélevés et momifiés puis déposés dans des vases magnifiques.

– Mais Tousert n'avait aucune raison d'être enterré selon les rites égyptiens... Alexandrie est grecque !

– J'ai remis Néferet entre les mains de l'embaumeur. Les lins les plus fins seront déposés dans les coffres préparés pour son mobilier funéraire. Ses bijoux et ses amulettes seront placés sur son corps et un scarabée d'or ornera sa poitrine à l'emplacement de son cœur. J'y ai fait graver une inscription : « Que jamais le cœur d'un homme ne s'oppose à elle dans l'empire des morts. »

Alexandros tenta de lui changer les idées et de l'entraîner sur un autre terrain, mais Khéty semblait en dehors du temps. Elle continuait à parler dans un murmure, les yeux fixes.

– Les coffrets de Néferet seront remplis de *chaouabtis*[1] à son nom et mentionneront la liste des travaux restant à accomplir dans le monde invisible. J'ai placé dans des pots d'albâtre, à l'intention de l'embaumeur, les onguents pour la renaissance de ses chairs. L'enterrement de ma fille sera magnifique ! Je ne lésinerai pas sur la procession et sur les pleureuses. Néferet sera enterrée dans un caveau. Elle sera entourée de son mobilier et des vases canopes contenant ses chers viscères. Je louerai les meilleurs musiciens pour le banquet funéraire et je danserai pour ma fille, partageant avec elle ses derniers moments de bonheur. Et un jour, je la rejoindrai dans sa demeure d'Éternité.

– Si je peux vous aider… proposa Alexandros, ému.

Khéty le remercia d'un doux sourire.

– Non, mon enfant. Je ne manque de rien. J'ai toujours su m'assumer, même si je n'ai pas toujours

1. Petites figurines.

employé des moyens avouables. Mais je connais nombre de femmes respectables qui, au fond d'elles-mêmes, le sont moins que moi car je respecte mon prochain et je suis honnête.

– J'en suis convaincu.

– J'ai décidé d'affranchir ma meilleure servante et de l'adopter. Elle est encore jeune. Je l'ai recueillie enfant à la mort de sa mère. Elle a partagé les jeux de Néferet... Pour ce qui est de l'héritage, j'adresserai une supplique à Iyi sur une coupe de terre cuite contenant une offrande que je déposerai près de sa chapelle funéraire. J'obtiendrai ainsi une partie de ses biens pour m'aider à vivre.

Alexandros n'osa la décourager.

– Je prends de l'âge, c'est vrai, et je ne vivrai pas toujours de cette sorte.

Elle avait ouvert sa tunique et désignait un tatouage qui ornait son bassin et ses cuisses.

– Oh, je ne suis pas une *khénémèt*[1]. Même si les chanteuses et les danseuses des maisons de bière sont souvent assimilées à elles. Il nous est difficile d'être bien considérées en ville. C'est pourquoi Néferet ne parlait jamais de sa mère.

– Ne croyez pas cela, mentit Alexandros.

– Elle faisait pourtant preuve, en compagnie des hommes, d'un tempérament qui valait bien le mien ! Allons ! Soyez franc !

– Je l'avoue, dit Alexandros.

– Vous l'avez aimée ?

1. Fille de joie.

– Oui. Et je ne le regretterais que s'il s'avérait que notre liaison est la cause de sa mort. Deux hommes et une jeune femme sont passés de vie à trépas depuis mon arrivée à Alexandrie. Certains m'en rendent ouvertement responsable…

Khéty secoua la tête et se servit un verre de vin.

– Du vin d'Iyi. Vous en voulez ?

Alexandros la remercia.

– Vous faites allusion à la mort du dioécète ?

– Oui.

– Allons. Vous n'êtes en rien dans cette mort-là. Apollônios était tellement désemparé ces derniers temps qu'il ne parlait que de suicide.

– Vous le connaissiez ?

– Je l'ai connu intimement avant de vivre avec Iyi… Je le voyais souvent. Personne ne le connaissait comme moi.

Alexandros demeurait stupéfait.

– Oui, vous allez penser que je connais beaucoup de personnages influents de cette ville. En fait, c'est un pur hasard si l'ami que j'ai gardé est mort et si l'homme que j'aimais a été tué peu avant.

Le Macédonien n'en était pas absolument convaincu.

– Les danseuses sont souvent des confidentes au même titre que les *khénémèts*. Les hommes osent leur confier leurs faiblesses et leurs tracas, ce qu'ils se refusent à faire avec leurs épouses.

– Il est cependant impossible qu'Apollônios se soit suicidé. Comment se serait-il enfoncé une lance dans la poitrine ?

– C'est affreux, je le reconnais. Mais avec Apollônios, tout est possible, au contraire. C'est un homme qui avait besoin de mise en scène. Or il se sentait menacé. Il craignait qu'on ne le tuât.

– Qui redoutait-il ? demanda Alexandros.

– Il ne m'a pas dit son nom. Mais, depuis la mort d'Iyi, il prétendait que Zénodote et lui allaient être assassinés.

– Avait-il commis une faute ? rusa le Macédonien.

– Oui. Il prétendait qu'il était innocent, que Zénodote et Tousert l'étaient aussi, mais que le meurtrier les croyait coupables d'un horrible crime. Je n'ai pas pu en savoir plus.

– Apollônios ne paraissait pas facile à effrayer…

– Mais il l'était sous ses grands airs suffisants. Et puis j'ai songé à un coupable possible.

Alexandros but d'un trait la coupe que lui avait tendue Khéty. Ce vin, agréable à boire, qui enivrait sans que l'on s'en rendît compte, lui rappela la belle Néferet au sourire enjôleur. Il revit ses yeux charmeurs et son corps nu étendu sous les oliviers du domaine de son père.

– Un coupable possible ? balbutia-t-il.

– Oui. Et plus j'y pense, plus je suis convaincue d'avoir raison. Elle a le tempérament d'une lionne, pire encore que la mère de Sethnacht !

– Mais de qui parlez-vous donc, Khéty ?

– De qui je parle ? Mais de la femme d'Apollônios, bien sûr !

– Sa femme ?

– Oui, sa femme !

– Mais qu'est-ce qui vous fait dire cela ?

– N'a-t-on pas retrouvé un magnifique bracelet sur les lieux du crime ?

– Oui, mais ce bracelet peut appartenir à quantité de femmes... La police poursuit son enquête et...

– J'ai vu, de mes yeux vu, ce bracelet au bras de cette furie !

– Vraiment ?

Alexandros se resservit une coupe de vin.

– Je l'affirme ! Enfin... d'après la description que l'on m'en a faite, je l'ai reconnu.

– Ce n'est pas la même chose. En avez-vous parlé à la police ?

– Oui. Mais on a refusé de me montrer le bijou.

– Pourquoi ?

– Pourquoi ? Ah ! On voit bien que vous n'êtes pas d'ici ! Mais parce que je suis une danseuse du quartier de Canope et que ma parole ne vaut pas un grain de sable du désert ! Vous, les Grecs, aimez le sport, les entraînements du gymnase et la musique. Les Égyptiens considèrent que ces disciplines rendent les hommes efféminés et les femmes lascives.

– Le responsable de la police est grec...

– Par son père, non par sa mère !

Alexandros était décontenancé. Cette visite l'avait dérouté alors qu'il croyait toucher au but. Il sentit la nécessité de s'isoler pour faire le point, comme lorsqu'il tentait de boucler un chapitre sans y parvenir. Il lui fallait du silence et de la solitude.

Quand il quitta Khéty, le soleil achevait déjà sa

course. La rue s'était soudain animée de buveurs de bière et de chanteurs d'occasion.

– Pardonnez-moi, lui dit-il en partant.

– Cette visite m'a plu. Revenez quand vous voulez. Maintenant, il est l'heure pour moi de me rassasier et de me préparer. Il est si difficile de danser lorsqu'on a le cœur en deuil...

25

Alexandros s'accorda une journée entière pour réfléchir, loin de l'animation de la ville. Le soir même, il se rendit là où était descendu son oncle, à deux pas de chez lui.

– Je t'attendais, lui dit Kruptos.

– Tu m'attendais ?

– Oui. Je voulais te laisser agir à ta guise, mais je me doutais que tu aurais besoin de mes services.

– Ce n'est pas tout à fait cela, précisa Alexandros en reconnaissant que son oncle avait eu raison de lui dire qu'il était bien logé. Je n'ai rien de précis à te demander. Mais lorsque je fais le bilan de mon enquête, je n'aboutis à aucune conclusion satisfaisante.

– Parce que tu n'as aucun recul. Un œil étranger te serait utile.

– Sans doute.

– Je t'écoute.

Alexandros lui raconta les principaux faits qui s'étaient déroulés à Alexandrie depuis son arrivée en omettant ceux qui l'avaient parfois mis en danger.

– Tu n'as vraiment pas tenu compte de mes avertissements…

– Je le reconnais.

– Tu penses donc toujours que l'un des signataires des reconnaissances de dettes est coupable ?

– Oui. En fait, je pencherais pour une complicité entre Zénodote, Apollônios et Tousert.

– Je vois mal Zénodote impliqué dans un crime, à moins qu'il n'en ait voulu à un mauvais traducteur d'Homère !

– Les apparences sont souvent trompeuses. Selon Khéty, Apollônios n'était pas l'homme que l'on connaissait. Quant à Tousert, il pouvait être d'une extrême froideur. Je me souviens des propos de Néferet.

Les deux hommes, perplexes, se turent quelques instants. Ils étaient assis dans deux modestes pliants et se faisaient face. De douces odeurs de dattes émanaient des paniers en osier qui avaient servi pour le marché. La pièce paraissait d'autant plus vaste qu'elle ne contenait qu'un coffre à nourriture, une bassine et une table.

– Les hommes sont souvent différents de l'apparence qu'ils donnent.

– Précisément, soupira Alexandros. Et toi, as-tu une opinion ?

Kruptos passa sa main sur son menton couvert d'une barbe drue.

– La femme de Tousert pourrait avoir tué son mari et Néferet, dit Alexandros. Non seulement elle se débarrassait de deux êtres qu'elle abhorrait, mais elle héritait de surcroît, avec son fils, du domaine et du commerce de son mari. On dit même qu'elle lui aurait extorqué la formule qu'il avait mise au point pour conserver son vin.

– Tu vois bien qu'il y a d'autres suspects. As-tu réellement confiance en ce Sethnacht ? Lui aussi avait intérêt à faire disparaître son père.

– Mais il aimait Néferet.

– En es-tu sûr ?

– Oui. En outre, pourquoi la femme de Tousert aurait-elle tué Apollônios ?

– Parce qu'il savait quelque chose. Tousert et Apollônios se connaissaient depuis si longtemps... Peut-être Tousert lui a-t-il fait part d'une inquiétude.

– Dans ce cas, Khéty, elle aussi, pourrait être en danger. Surtout si la femme de Tousert apprend que son mari et Apollônios se confiaient volontiers à elle.

Alexandros fut tout à coup horrifié par une telle hypothèse.

– La femme de Tousert aurait accompagné son fils au palais et c'est Sethnacht qui aurait frappé Apollônios...

– Et Khéty ? demanda le vieil homme. Ne penses-tu pas qu'elle ferait une excellente coupable ?

Alexandros parut choqué.

– Khéty ?

– Eh ! oui... Admettons qu'elle t'ait joué la comédie et qu'elle ait été parfaitement au courant de la fortune que Tousert laissait en héritage à Néferet...

– Mais elle n'aurait pas tué sa propre fille !

– Certes non ! Cependant, admettons qu'elle ait été moins amoureuse de Tousert qu'elle l'ait laissé entendre et qu'elle l'ait tué. Sa fille héritait. Le sachant, la femme de Tousert éliminait Néferet.

– Et Khéty serait aujourd'hui capable de venir tuer cette femme pour venger sa fille.

– A n'en pas douter.

– Et Apollônios ?

– Là encore, il devait avoir partagé une confidence trop lourde à porter.

– Tu exclus totalement la culpabilité de son épouse, tu l'exclus totalement ?

– L'épouse d'Apollônios ? Pas tout à fait, mais je ne vois aucun lien entre elle et la mort de Tousert.

– Les suspects ne manquent pas : la femme de Tousert, Sethnacht, Zénodote, l'épouse d'Apollônios, Khéty, Héléna...

– Ne m'as-tu pas également parlé d'une voyante qui te suit partout et tente de t'effrayer ?

– Oh ! Elle ne me veut que du bien. Elle est un peu folle mais pas dangereuse.

Alexandros évoqua à nouveau Héléna.

– Je t'ai raconté l'histoire du cimetière où je me suis battu avec un homme que je n'ai pu maîtriser pendant qu'un autre fuyait ?

– Oui, et alors ?

– Eh bien ! sur le coup, Héléna n'a rien dit. J'ai

bien vu qu'elle était troublée et j'ai mis ce trouble sur le compte de la peur.

– Oui, et ensuite ?

– J'ai réfléchi et je me suis demandé si elle voulait vraiment attraper cet homme. Elle a tenté à maintes reprises de me faire rebrousser chemin. Elle ne voulait pas venir chez nous, au domaine, encore moins au cimetière. Elle m'y a suivi pour ne pas éveiller les soupçons, mais je suis presque persuadé aujourd'hui qu'elle connaissait cet homme, que cette silhouette dans le noir ne lui était pas étrangère !

L'oncle d'Alexandros se frappa les cuisses.

– Voilà qui est intéressant. Et Héléna ? Que penser de ce fameux bracelet ?

– Si seulement nous savions à qui il appartient...

– Mon garçon, si j'étais toi je me rendrais chez le médecin d'Héléna car elle me semble en savoir plus long qu'elle ne le dit. Tu saurais ainsi si elle a pu se rendre au palais le soir où Apollônios a été assassiné.

Alexandros opina.

– J'irai dès demain.

Ce jour-là, Ptolémée avait décidé de manifester sa bienveillance envers les citoyens et les clergés locaux. Une stèle de granit devait témoigner de cette sollicitude et, pour l'occasion, le roi avait coiffé le pschent, reconnaissant par ce geste la distinction ancestrale des deux Égyptes, la couronne rouge symbolisant le Delta et la mitre blanche, qui lui était superposée, représentant la Haute-Égypte.

Une foule de marchands improvisés vendant

fleurs et gâteaux s'était alignée le long des deux voies principales d'Alexandrie et dans les petites rues perpendiculaires. Les potiers abondaient.

Le médecin d'Héléna habitait au bord de l'eau près du port situé à l'ouest de l'Heptastade et de l'île de Pharos. Des barques y accostaient en permanence, les navires restant dans la rade. Alexandros frappa à la porte à l'aide d'un énorme heurtoir en bronze à tête de Gorgone. Le médecin lui ouvrit en personne. Il paraissait exténué. Ses traits tirés, ses cernes sous les yeux, son visage maladif et son regard glauque témoignaient des nuits blanches qu'il venait de passer.

– Héléna ? Vous voulez des nouvelles d'Héléna ? s'étonna-t-il. Mais pourquoi n'allez-vous pas en demander à ses parents ? Qui vous a dit de venir ici et comment savez-vous qu'Héléna se trouve chez moi ?

Alexandros se sentit gêné.

– Autant être franc, dit-il. Je travaille à la bibliothèque et j'ai entendu son père parler de son état. J'étais inquiet...

– Vous êtes l'un de ses amis ?

– Oui.

Le médecin passa plusieurs fois sa main sur son visage.

– Hélas ! Hélas ! se lamenta-t-il.

– Quoi ? Que se passe-t-il ? Héléna est-elle... ?

– Non, non. Héléna est en vie mais elle est si mal ! Son état empire de jour en jour. Aujourd'hui, elle est tombée dans un coma qui lui interdit tout mouvement. Elle ne reconnaît plus personne. Elle reste inerte, les yeux fermés. Elle ne mange plus, ne boit plus. Elle est comme morte et je ne comprends pas quel mal la tourmente ainsi… Je l'ai veillée moi-même pendant des nuits. Sa mère veut aller trouver un exorciste. Elle prétend que sa fille a été envoûtée par un Macédonien récemment arrivé à Alexandrie qui possède des dons auxquels je n'accorde pas foi.

– Elle parle sans doute de moi.

Le médecin le regarda, atterré.

– De vous ?

– Oui. Je crois me reconnaître dans cette description, mais je ne possède pas les dons de mon père. On prétend en effet qu'il disposait de facultés étonnantes qu'aucun raisonnement logique n'était capable d'expliquer. Si cela est vrai, je n'en ai pas hérité.

Le médecin balaya l'air de la main pour signifier qu'il n'accordait guère de crédit à l'irrationnel.

– Je peux la voir ? demanda encore Alexandros.

– Certainement. Venez.

Le Macédonien suivit le médecin dans la pièce où reposait Héléna. La jeune femme, étendue sur le dos, les doigts croisés sur la poitrine, paraissait morte.

Alexandros posa sa main sur celles d'Héléna en espérant obtenir une réaction. Mais elle ne manifesta aucun signe de vie.

– Docteur, dit gravement Alexandros, j'ai une question importante à vous poser. Seriez-vous disposé à me répondre franchement et sans détours ?

– Bien entendu. De quoi s'agit-il ?

– Depuis combien de jours Héléna est-elle ainsi ?

– Je vous l'ai dit : son état a été en empirant, mais

lorsque je l'ai vue la première fois, elle était déjà très malade. Comme les médicaments ne faisaient aucun effet, j'ai décidé de l'emmener chez moi pour mieux la soigner.

– Et vous comptiez la guérir ?

– Sans aucun doute !

– Héléna aurait-elle pu sortir sans que vous ne vous en soyez aperçu ?

– Dans cet état ? Mais c'est impossible !

Comme Alexandros paraissait sceptique, le médecin insista.

– Si elle était sortie ainsi, elle en serait morte !

– Permettez-moi d'insister. C'est très important ! Ne peut-elle simuler une maladie ?

Le médecin fut étonné par la question, mais il y répondit volontiers.

– Il serait très difficile de simuler un pareil état. Je dois cependant avouer que je me suis beaucoup interrogé sur la maladie qui la frappe, car je n'ai jamais constaté de tels symptômes ! Elle n'a pas de fièvre ; son pouls bat normalement ; elle a retrouvé le sommeil. En fait, elle devrait être sur pied.

– Tout cela est très étonnant et très édifiant, docteur !

– En effet, mais la médecine est parfois impuissante à expliquer certains phénomènes... Ah ! Létho ! Je ne vous avais pas entendue entrer...

– Votre assistante m'a ouvert la porte.

La mère d'Héléna regardait Alexandros fixement.

– Alexandros Agathos, dit-elle, je voulais précisément vous voir. Que faites-vous ici ?

Alexandros lui répondit qu'il s'inquiétait de ne plus voir Héléna.

Elle l'attira dans une pièce voisine et se mit à l'implorer.

– Je veux qu'Héléna recouvre la santé, je suis sûre que ma petite fille ne serait pas tombée malade si elle ne s'était trouvée impliquée dans cette affaire !

– Quelle affaire ?

– Le meurtre de votre famille. Quelqu'un lui a jeté un sort. Je croyais que c'était vous. Il faut que la vérité éclate au grand jour. Sinon nous mourrons tous ; j'en suis convaincue. Tousert, la malheureuse Néferet, Apollônios et aujourd'hui ma fille, la fille de Zénodote ! C'en est trop. Je vais vous révéler ce que mon mari aurait dû avoir le courage de vous dire et qu'il a préféré garder pour lui. Écoutez-moi bien et faites-moi confiance.

Le médecin crut bon de se retirer et de retourner au chevet de sa malade.

– Voilà, dit Létho en s'asseyant sur une banquette à côté d'Alexandros. Mon mari s'est rendu au domaine de votre père, le soir du meurtre.

– Pour quelle raison ?

– Ils avaient une affaire à régler ensemble.

– Une affaire de reconnaissance de dettes ?

Létho rougit.

– Vous êtes au courant ?

– J'ai retrouvé les reconnaissances de dettes dans la maison de mon père.

Comme Létho paraissait surprise, Alexandros reprit sur un ton caustique :

– Votre mari a tenté en vain de les retrouver quand mes parents sont morts ?

– Non ! Enfin, je ne le crois pas…

– Et Tousert l'a aidé ainsi qu'Apollônios…

Létho baissa les yeux.

– Eh bien, soit ! Oui, tous trois ont tenté de retrouver ces reconnaissances de dettes, mais ce n'était pas pour les déchirer. Mon mari vous paiera ce qu'il vous doit !

– Il ne me doit rien.

– Mais si, j'y tiens… Nous y tenons.

– La peur vous fait parler ainsi. Croyez-vous qu'en vous acquittant de cette dette vous me rendrez mes parents ?

– Mais mon mari n'a rien à voir dans tout cela, je vous le jure !

– Comment en êtes-vous si sûre ?

– Je le connais. Il est incapable de commettre un crime !

– Je l'espère pour vous.

Le regard d'Alexandros était terrible.

– Croyez-moi, par tous les dieux de l'Olympe !

– Vous craignez que je ne tue votre mari pour venger ma famille ?

– Ce serait injuste.

– Soit ! Poursuivez votre récit. Vous prétendez donc que votre mari s'est rendu au domaine de mon père le jour où il a été tué, mais qu'il n'est pas responsable de cet assassinat ?

– Je l'affirme ! Zénodote ne m'a jamais menti.

– Que s'est-il donc passé ?

– Quand mon mari est arrivé, votre père se battait avec un autre homme.

– Qui ?

– Il l'ignore. L'homme était enveloppé dans une chlamyde sombre. Un capuchon était rabattu sur sa tête.

– Et en luttant, son manteau ne s'est pas ouvert ?

– Je ne sais pas. En tout cas, mon mari ne l'a pas reconnu. Peut-être ne le connaissait-il même pas.

– Soit.

– Votre mère était étendue sur le sol. Elle avait la main tendue vers un coffre ou un panier. Elle était inerte. Votre sœur avait été tuée. Le sang coulait sur le sol.

La voix de Létho s'étrangla dans sa gorge.

– Mon mari est arrivé au moment où, après avoir tué votre mère et votre sœur, l'inconnu frappait votre père d'un coup mortel. Il était comme fou. Il a frappé à plusieurs reprises jusqu'à ce que votre père tombât, le corps ensanglanté.

– Mon père est donc bien mort, murmura Alexandros.

– Comment ?

– Mon père est mort…

– Vous le saviez. Que signifie cette réflexion ?

– Rien. Je n'ai pas retrouvé sa tombe. Son nom ne figure pas à côté de celui de ma mère au cimetière. J'espérais donc qu'il ne fût pas mort.

– Mais c'est insensé !

– Peut-être pas. Qui vous dit qu'il s'agissait bien de mon père ?

– Zénodote n'aurait pu le prendre pour un autre. Il le connaissait parfaitement. Hélas ! mon enfant, votre père est bien mort ce jour-là.

Alexandros demeura pensif.

– Mais ce n'est pas tout.

– Ah ?

– L'homme qui a tué votre père est sorti dans la cour, abasourdi.

– Zénodote aurait pu l'arrêter ou aider mon père à lutter contre lui.

– Il n'a pas osé. Quand il est arrivé, il était trop tard. Ensuite, il est allé se cacher derrière un mur d'où il a tout observé.

Alexandros exprima un rictus de dédain.

– Bel exemple de lâcheté !

Létho ne répliqua pas.

– L'inconnu est donc sorti dans la cour et s'est dirigé vers le puits. Il y a laissé tomber un objet puis il s'est mis à sangloter. Il est resté ainsi un temps infini. Mon mari s'en souvient car il ne pouvait sortir de sa cachette sans être vu et le temps lui a semblé long.

– L'assassin pleurait ?

– Oui. Il s'est assis à terre contre le puits et il a pleuré la tête dans ses genoux.

Alexandros ne croyait guère à cette version peu vraisemblable.

– En somme, vous prétendez que l'assassin était un fou qui a tué mes parents sans raison et que, après avoir commis son acte odieux, il s'est mis à pleurer ?

– Je vous le jure.

– Difficile à croire. Pleurait-il de remords ? Ce n'est pas cher payé pour un quadruple assassinat !

– Je vous ai dit la vérité. Il faut que cette vengeance cesse et qu'Héléna retrouve la santé.

– Et que pourrais-je faire ? Mettez votre destin et celui de votre fille entre les mains des dieux. Si votre mari est innocent, les dieux vous aideront. Sinon, attendez-vous au pire !

Alexandros laissa Létho tremblante et au bord des larmes.

– J'ai toujours tout fait pour protéger mon mari et ma fille, cria-t-elle. Et je continuerai !

– Avez-vous été jusqu'au crime pour cacher ceux de votre mari ? répliqua Alexandros en se retournant.

– Vous êtes un monstre !

En entendant les cris de Létho, le médecin se précipita vers elle.

– Au revoir, docteur ! lança Alexandros. Prenez soin d'Héléna. Et si elle se réveille, prévenez-moi, j'ai quelques questions à lui poser.

– Que se passe-t-il ? demanda le médecin, inquiet.

– Docteur, si ce maudit Macédonien ose toucher à Zénodote, je le tue ! répondit froidement Létho.

26

– A ta place, je descendrais dans ce puits, dit Kruptos à son neveu.

– Mais Létho m'a mené en bateau…

– Je n'en suis pas si sûr. Que perds-tu à essayer ? Si tu viens m'interroger à ce sujet, n'est-ce pas parce que tu as un doute ?

Le Macédonien en convint.

– Veux-tu que je t'accompagne ?

– Non. Je me débrouillerai seul. Je ne veux surtout pas que tu coures le moindre risque. C'est trop dangereux.

Alexandros se rendit en char jusqu'au domaine de son père. Une fois arrivé, il regarda autour de lui pour voir si la vieille voyante ne s'y trouvait pas. Il écouta, à l'affût du moindre éboulis, de la moindre pierre roulant sous les pas. Mais tout était silencieux.

Un peu plus loin les ouvriers déjeunaient d'une galette et de quelques olives. Il jugea préférable de ne pas signaler sa présence.

Le puits était situé non loin de son olivier. Alexandros se pencha au-dessus du trou sombre et manœuvra le seau et la poulie pour voir si le mécanisme fonctionnait encore et s'il n'était pas trop rouillé. Un grincement inquiétant se fit entendre.

– Je ne suis pas certain que ce système supportera mon poids, soupira-t-il, mais je n'ai pas le choix. Il faut bien que je sache et, pour savoir, je dois descendre.

Le puits étant à sec, Alexandros avait cru voir briller au fond une pierre ou de l'or. Il se glissa non sans difficulté le long de la corde que les ouvriers avaient changée et qui se déroula trop rapidement au goût d'Alexandros. Quand il fut au fond, le jeune Macédonien remarqua aussitôt deux couteaux à manches d'or ciselé.

– Deux armes magnifiques. A qui appartiennent-elles ?

Au moment où il les tournait et retournait entre ses mains, une ombre apparut en haut du puits.

– Qui est là ? cria Alexandros. Faites-vous connaître ! Êtes-vous maçon ? Charpentier ? Est-ce vous, vieille sorcière ?

Mais personne ne répondit.

– Est-ce que je deviens fou ou y avait-il réellement quelqu'un ?

Alexandros entendit battre son cœur.

– Du calme ! se dit-il. Les ouvriers sont tout près. Je ne risque rien.

Il examina plus attentivement les manches des couteaux. L'un d'eux représentait une scène des travaux d'Hercule : Hercule ouvrant la porte des écuries d'Augias en compagnie de la déesse Athéna qui lui désignait l'endroit où il devait frapper. Sous la scène était inscrit en fines lettres d'or le nom du propriétaire de l'arme : Agathos.

– Ce couteau était celui de mon père. L'assassin voulait sans doute s'en débarrasser. Cette arme est splendide !

Il la plaça dans sa ceinture et s'empara de la deuxième arme, tout aussi précieuse. La lame rouillée était cependant plus longue et plus large. Elle ressemblait plus à une courte épée qu'à un couteau. Le manche représentait des têtes de gorgones, d'Hercule et d'Alexandre le Grand. D'un côté était gravée la dédicace : « En souvenir d'Alexandre » et de l'autre : « Appartient à l'homme de Cos. »

– Ce couteau était sans doute celui de l'assassin. L'homme de Cos… Voilà qui est peu clair. Peut-être mon oncle pourra-t-il me renseigner sur ce surnom.

Alexandros ne s'attarda pas. Il appela le chef des travaux qui l'aida à remonter et se renseigna sur l'acheminement des matériaux jusqu'au domaine. Quand celui-ci l'eut rassuré sur la bonne marche du chantier, en lui précisant toutefois que le coût envisagé serait un peu plus élevé que prévu, Alexandros se précipita chez son oncle qui l'attendait avec une impatience mal contenue.

– « L'homme de Cos », cela te dit-il quelque chose ? lui demanda aussitôt Alexandros avant même que Kruptos n'ait eu le temps de l'interroger.

– Non...

– Ne pourrait-il s'agir de Zénodote ?

– Zénodote est né à Éphèse.

– Oui, mais il a été l'élève de Philitas de Cos et il a succédé à son maître dans la charge de précepteur royal.

– Auprès du jeune Ptolémée. Pourquoi l'aurait-on appelé « l'homme de Cos » ?

L'oncle d'Alexandros réfléchit longuement en tentant de rassembler ses souvenirs.

– Je ne vois vraiment pas. Cette expression peut désigner tant de gens vivant aujourd'hui à Alexandrie ! Et pourtant...

– Pourtant ?

– Cela me rappelle vaguement quelque chose, mais quoi ?

Alexandros l'encouragea.

– C'est très important, mon oncle. Tente de te souvenir...

– Je ne vivais pas dans l'entourage de ton père. Il faudrait interroger quelqu'un qui côtoyait chaque jour tes parents.

– Que veux-tu dire ?

– Il me semble avoir entendu cette expression dans la bouche de mon frère. A moins que ce ne soit dans celle de ta mère… Mais de qui parlaient-ils alors ? Je ne m'en souviens plus.

Alexandros supplia une nouvelle fois son oncle de l'aider. Celui-ci ferma les yeux et joignit ses mains. Il se concentra longtemps.

– Ce n'était donc pas un inconnu, dit Alexandros. La thèse du vagabond qui aurait assassiné ma famille ne tient plus. Es-tu sûr que mes parents ont au moins une fois employé ce terme d'« homme de Cos » ?

– Oui, répondit le vieil homme avec plus d'assurance. Maintenant, je suis formel. Ton père désignait ainsi un homme qu'il connaissait en parlant à ta mère. C'était leurs affaires. Je ne m'immisçais pas dans leurs conversations. J'ai d'ailleurs si peu souvent vu ta mère !

– Comment parlaient-ils de cet homme ? En bien, ou avec de l'animosité ?

– Normalement. Rien de particulier ne m'a frappé à l'époque.

– Il faut rechercher dans le cercle de leurs amis. J'ai tout de même envie de retourner voir Zénodote.

– Alors que sa fille est souffrante…

– Et alors ? Héléna se trouve chez son médecin. Pourquoi n'irais-je pas parler à son père ?

Le vieillard le retint par le bras.

– Attention, Alexandros. Ne t'imagine pas que Zénodote est coupable et ne pars pas chez lui avec une arme. Tu pourrais le tuer dans un mouvement de colère et le regretter !

– Je prendrai une arme, mon oncle, car je ne suis sûr de rien. Il pourrait tenter de me supprimer, surtout s'il est le meurtrier et s'il se sait découvert, mais je te jure que je ne l'agresserai pas sans raison.

– Je n'aime pas ça !

– Ne t'inquiète pas. Allons ! Prête-moi un couteau. Je te le rendrai propre et net si Zénodote n'a rien à se reprocher.

Le vieil homme chercha son arme.

– Tiens ! Je l'avais avec moi pour voyager, mais attention à toi !

Quand il parvint aux abords de la maison de Zénodote, le calme était tel qu'Alexandros crut qu'un malheur était arrivé. Il eut soudain peur pour la vie d'Héléna. Aucun domestique ne semblait présent.

Comme personne ne répondait à son appel, Alexandros s'avança dans les pièces désertes en retenant son souffle. Le bruit d'une conversation animée lui parvint. Il progressa en prenant garde de ne pas faire tomber un des vases juchés sur des colonnes aux chapiteaux corinthiens et s'arrêta devant une porte entrouverte. Les voix, fort agitées, lui parvenaient maintenant plus clairement.

Alexandros regarda autour de lui pour voir s'il n'était pas observé. Rassuré, il poussa légèrement la porte et resta debout, l'oreille tendue.

– Tu me crois donc responsable de la maladie de ta fille ? disait un homme dont Alexandros crut reconnaître la voix.

« Ces intonations ne me sont pas étrangères, se dit-il, mais je ne vois pas de qui il s'agit. Il faudrait que je puisse ouvrir davantage cette porte pour mieux entendre. »

– Oui. Et j'ai bien l'intention de te tuer si tu ne la sauves pas.

– Me tuer, moi ? Mais tu serais aussitôt condamné !

– Condamné ? reprit Zénodote. Crois-tu que le peuple ne saura pas faire la différence entre un homme honnête et un meurtrier ?

– Un meurtrier ?

– C'est toi qui as tué Agathos et sa femme. Je t'ai vu ! De mes yeux vu !

Comme l'homme tentait de s'approcher, Zénodote brandit un long couteau.

– Tu voudrais me tuer ? Car je suis le dernier témoin. Alexandros a eu la stupidité de tuer les autres, Tousert et Apollônios. Il ne reste que moi. Qu'il vienne ici ! Je saurai me défendre car je suis innocent. Le meurtrier, c'est toi !

– Vous étiez donc sur place le jour où Agathos a été tué, bande de scélérats ? Je le soupçonnais ! A en juger par l'assurance et la morgue de cet Apollônios !

– Oui, nous étions là et nous t'avons vu sortir de la maison, un couteau dans chaque main.

Un long silence suivit ces paroles. Alexandros s'éloigna de la porte et se cacha derrière l'une des colonnes de la cour intérieure ornée d'un jardin luxuriant au centre duquel chuchotaient les faibles retombées d'eau du bassin irisé par les rais du soleil.

Les deux interlocuteurs haussaient le ton.

– Si tu sais que j'ai tué Agathos, pourquoi ne pas

l'avoir dit à son fils pour te protéger ? Tousert et Apollônios ne seraient pas morts…

Un nouveau silence fut suivi d'un rire gras.

– Mon pauvre Zénodote ! Tu n'as rien dit, parce que tu ne pouvais pas expliquer ta présence dans le domaine d'Agathos à cette heure Voilà ce que je crois. Apollônios, Tousert et toi aviez l'intention d'aller trouver Agathos, parce que vous lui deviez une grosse somme d'argent et que vous étiez incapables de la lui rembourser. Or Agathos vous avait menacés : il avait besoin de cet or et il exigeait un remboursement dans les plus brefs délais. Faute de quoi, il était prêt à vous traîner devant les tribunaux. Vous, les trois ambitieux, les trois assoiffés de pouvoir, vous retrouver en prison ! Quelle honte ! Alors, vous avez comploté contre lui. Si vous vous trouviez dans son domaine ce soir-là, c'était pour le tuer !

Alexandros n'entendit plus rien.

– Admettons, dit Zénodote sur un ton si faible qu'Alexandros se rapprocha de nouveau pour entendre. Mais nous n'avons rien fait ! De notre cachette, nous t'avons reconnu…

– Et vous avez pris vos jambes à votre cou dès que je suis parti ! Ces longs moments que j'ai passés au bord du puits, désemparé, ont dû vous paraître interminables !

– Je t'ai vu frapper Agathos.

Un ricanement accueillit cette nouvelle accusation.

– Espèce de lâche ! lança l'inconnu d'une voix terrible.

– Et j'ai vu étendues la femme et la fille d'Agathos que tu venais également de tuer.

– Et toi, qu'as-tu fait pour secourir Agathos ? Tu as fui ! Ce meurtre arrangeait bien vos affaires ! Avoue-le !

Le ton menaçant sur lequel furent prononcés ces mots fit frémir Alexandros.

– Oui, je l'avoue, déclara Zénodote en haussant la voix. Je l'avoue ! Mais tu connaissais Agathos ! Ce n'était pas un tendre ! Il n'aurait pas hésité à tous nous envoyer croupir en prison ! N'approche pas ! Sinon, je te tue ! Je n'hésiterai pas !

– Que redoutes-tu de moi ?

– Tout !

Soudain, un cri déchira l'espace. Alexandros se précipita dans la pièce sans réfléchir. L'inconnu lui tournait le dos. Il tenait son épaule blessée en injuriant Zénodote dont la lame du couteau était ensanglantée.

– Vous ! s'exclama le bibliothécaire, l'air égaré. Mais que faites-vous chez moi ? Qui vous a fait entrer ?

L'inconnu se retourna vivement, la main sur sa blessure.

– Alexandros !

– Ça alors ! s'exclama à son tour le Macédonien. C'est donc vous « l'homme de Cos » !

Zénodote éclata d'un rire nerveux.

– L'homme de Cos ? Eh oui, c'est un surnom que nous lui avions donné autrefois, reconnut Zénodote. Te souviens-tu ? Je crois bien que c'était là une idée du philosophe Strabon de Lampsaque, l'un de mes collègues. Voyez comment le roi traite ses anciens professeurs ! Par des coups de couteaux !

Alexandros était abasourdi.

– Je ne comprends plus rien, dit-il en observant Ptolémée qui se tenait devant lui tandis que Zénodote gardait son arme à la main.

– Je vais tout t'expliquer, lui répondit le roi, puisqu'il faut en venir là. Mais nous devons avant tout quitter ces lieux. Aide-moi à revêtir ce manteau et à dissimuler cette stupide blessure. Je me ferai soigner au palais. Mon char m'attend dans le jardin.

– Je n'ai rien vu...

– Tous les serviteurs ont été invités à quitter le domaine. Zénodote voulait me rencontrer ici. Telles étaient mes conditions. Afin qu'il ne fût pas repéré, j'ai ordonné à mon cocher de venir me chercher un peu plus tard. Je ne pensais pas me trouver en danger en compagnie de mon ancien précepteur ! Je ne suis pas fier aujourd'hui de t'avoir eu pour professeur !

– Et toi, qui es-tu ? Quand ton père t'a fait revenir de l'île de Cos où tu vivais avec ta mère Bérénice, tu étais un âne ! Tu montrais un tempérament amolli, capricieux et égoïste. Parce que tu étais paresseux, tu étais incapable d'exercer le moindre sport. Un premier précepteur a corrigé non sans mal tes défauts avant de te confier à Philétas de Cos. Mais au lieu de te préparer à diriger l'Égypte, tu as commencé par assassiner une famille !

Cette fois-ci, le roi ne lui laissa pas ajouter un mot. Il le saisit par le haut de la tunique en esquivant un nouveau coup de couteau et le menaça verbalement.

– Si tu parles encore une fois d'assassinat, je te fais condamner à mort !

Puis il se tourna vers Alexandros.

– Allons-y, lui dit-il. Cette blessure m'affaiblit.

– Ton père était un grand souverain ! rétorqua encore Zénodote.

– Pourquoi ? Parce qu'il t'avait engagé comme professeur et qu'il te faisait confiance ?

– Ptolémée Sôtêr n'était pas roi qu'il était déjà le maître incontesté de l'Égypte !

– Tu oublies Agathos, ironisa le roi. Lui aussi voulait régner sur l'Égypte !

– C'est la raison pour laquelle vous l'avez tué ? demanda fermement Alexandros. Vous craigniez qu'il ne prît votre place pour se venger de Ptolémée Sôtêr ?

– Non. C'est bien plus compliqué que cela.

– Tu as toujours agi sans dignité, reprit Zénodote. Épouser sa sœur ! Quelle honte pour les dieux ! Ton père, lui, avait choisi Bérénice, une reine digne de ce nom qui sut lui donner trois filles magnifiques et un fils incapable ! Sôtêr aurait mieux fait de choisir comme héritier le fruit de son premier mariage avec Eurydice. Car Ptolémée Ceraunus était plus vaillant que toi !

– Laisse mon demi-frère où il est, reprit Ptolémée. Eurydice s'était montrée acariâtre et jalouse vis-à-vis de ma mère qui était pourtant la préférée dans le cœur du roi. Elle aurait dû céder dignement sa place. Et puis, ne s'est-elle pas consolée en mariant Ptolémaïs, ma demi-sœur, à Démétrios Poliorcète ? J'ai peut-être eu des maîtres brillants, mais Philétas était un poète pédant et Straton un physicien obnubilé par sa théorie du vide. L'érudition l'a emporté dans mon éducation sur la philosophie et la rhétorique.

– Il te fallait administrer un empire et non faire des projets politiques ! A quoi bon être un orateur pour gouverner à une multitude servile ? Le goût des sciences naturelles et de la poésie t'a permis de t'entourer de savants qui font d'Alexandrie une ville brillante.

– Et ma sœur avait pour gouverner du talent pour deux ! Allons, Zénodote, cesse de me traiter de philologue et de ternir mon image partout où tu vas. Mon père t'a permis d'avoir ton heure de gloire. Je sais maintenant de quelle pâte tu es fait !

Le roi étouffa un cri et se crispa sous la douleur.

– Rentrons au palais, dit-il à Alexandros.

– Est-ce bien nécessaire ? répondit le Macédonien. Après tout, l'assassin de mes parents mourra. J'en ai fait le serment aux dieux. Maintenant ou demain, quelle importance ?

Mais le roi le regarda fixement dans les yeux.

– Tu dois connaître la vérité. Ensuite, tu décideras de mon sort. Je le remets entre tes mains, tout descendant d'Hercule que je suis !

27

Le palais était plongé dans la plus grande inquiétude. Nul ne savait où était le roi qui n'avait tenu personne informé des raisons de son absence.

– Par Sérapis tout-puissant, par Héraclès et tous les dieux de l'Olympe ! s'exclama Bilistiché en le voyant rentrer. Mais où étais-tu donc passé, grand pharaon bien-aimé ?

– Allons ! dit simplement Ptolémée en ordonnant d'un geste à ses serviteurs et à ses gardes de le laisser seul. Allons ! Je suis là maintenant ! Inutile d'ameuter tout le palais !

– Mais tu es blessé ! s'exclama Bilistiché en prenant le bras de son amant qui étouffa un cri. Vite ! Un médecin ! Qui a osé porter la main sur le roi ? Qu'Isis l'attire dans une fosse à serpents et qu'il en crève !

Jouant de ses longs voiles transparents accrochés à sa tunique, Bilistiché paraissait danser autour du roi plutôt que l'aider à marcher. Chacun de ses gestes était ponctué d'un mouvement élégant du bras tandis que l'un de ses voiles, coloré de rouge ou de bleu, s'élevait vers le plafond en semblant rejoindre les petits Éros qui voletaient sur les frises des murs. Elle avait perdu cette puissance qui lui faisait remporter les plus rudes courses de chars.

Bilistiché dissimulait son âge sous une épaisse couche de fard et sous des traits de khôl qui soulignaient ses yeux au regard tantôt de braise, tantôt d'oiselet sauvage, jouant d'ingénuité. Mais son expérience de la vie et des hommes n'échappa pas à Alexandros qui comprit que cette femme au corps musclé encore svelte et souple savait manipuler Ptolémée. Elle salua Alexandros sans lâcher le roi, qu'elle couvait de toute son attention.

– Vite, le médecin ! répéta-t-elle à l'un de ses serviteurs qui s'apprêtait à se retirer. Dépêche-toi un peu ! Le roi souffre !

Le souverain la rassura et pria Alexandros de s'asseoir en attendant qu'on le soignât.

– Je crois que tout a été dit, rétorqua Alexandros.

– Encore un instant… Je te demande d'attendre un peu pour me juger.

– Te juger ! s'exclama Bilistiché. Que se passe-t-il donc ici ?

– Cesse de crier et laisse-nous entre hommes dès que le médecin arrivera.

Bilistiché se vexa.

– Allons ! La colère et la douleur me font parler sans mesure. Ne tiens pas compte de mes paroles.

Elle hocha la tête et ouvrit son vêtement pour dégager la blessure qui se remit à saigner.

– Tu as sans doute oublié que tu avais décidé de réunir aujourd'hui les fonctionnaires du palais pour les informer de tes futures inspections et de la date de ton départ, lui dit-elle.

– Non, je n'ai rien oublié, l'interrompit Ptolémée. Mais de la visite que je devais faire dépendait ma décision et tu sais combien il me cause de désagrément que tu t'occupes des affaires royales. Ton rôle n'est pas de t'immiscer dans les décisions du roi.

– Tu as raison, dit humblement Bilistiché, qui avait l'intelligence de ne jamais dépasser la mesure. Je me retire et te laisse à tes fonctions.

Elle pria le médecin qui venait d'entrer de soigner le roi le mieux possible et elle se retira discrètement, laissant derrière elle un fort parfum de jasmin qui dénotait combien elle refusait de passer inaperçue et quelle personnalité était la sienne.

Sous une suave douceur se cachaient une volonté impérieuse et une accoutumance à la douleur à laquelle le sport qu'elle pratiquait préparait. On ne s'entraînait pas pour les futurs Jeux olympiques sans un courage et une ténacité exceptionnels.

Le médecin du roi ne ressemblait pas à celui qui soignait Héléna. Il apparut à Alexandros moins chaleureux, plus distant.

– Mauvaise blessure… marmonna-t-il en regardant Alexandros du coin de l'œil comme si le Macédonien en eût été responsable. Votre épaule restera fragile pendant quelque temps. Il vaudrait mieux passer votre convalescence au palais plutôt que de prévoir des expéditions ou des inspections.

– Vraiment ? l'interrogea Ptolémée, contrarié Et si je pars ?

Le médecin hocha la tête.

– Ce ne serait pas raisonnable.

– Même avec toi ?

– Je vous suivrai, comme d'habitude, mais je vous le répète : ce serait risqué. Attendez un peu. Reprenez des forces...

– C'est le bon moment pour voyager...

– Patientez seulement quelques jours. Après, nous verrons.

– Soit ! Je voulais précisément régler une affaire d'importance avant mon départ.

Il venait de regarder Alexandros, qui restait muet et fortement irrité contre le roi.

Le médecin lava la plaie et entoura l'épaule du roi d'un linge propre.

– Il faut attendre que cette plaie se referme et changer le pansement plusieurs fois par jour.

– Soit ! dit le roi.

– Je serai à côté...

– Très bien, ajouta Ptolémée. Maintenant, laisse-nous.

Le médecin prit son nécessaire et demanda à son assistante d'emporter la cuvette et les linges sales. Celle-ci s'exécuta en tremblant, craignant de mal faire devant le roi.

Elle laissa tomber plusieurs fois une serviette

avant de disparaître comme elle était entrée, avec une si grande discrétion qu'on l'aurait crue déesse ou illusion.

– Et maintenant à nous deux, dit le roi en s'asseyant dans un fauteuil face à Alexandros qui le regardait durement. Tes yeux me révèlent ton envie de me tuer.

– N'est-ce pas naturel ?

Le roi ne répondit pas. Il préféra commencer son récit.

– Quand je suis arrivé à Alexandrie, je n'étais guère brillant. Zénodote avait raison. C'était dans les années 293-292. J'avais passé mon enfance à Cos et je pensais plus à fréquenter les tavernes qu'à étudier. Pendant ce temps, mon père luttait pour agrandir ou conserver le royaume qu'Alexandre le Grand lui avait donné.

– Et que mon père convoitait.

– Oui. Lui aussi aurait bien voulu l'Égypte. Il s'en fallut d'un cheveu qu'il ne l'obtînt car Alexandre le Grand a longtemps balancé entre mon père et le tien. Il leur portait une égale estime. Tous deux s'étaient montrés brillants et fidèles. Tous deux méritaient ce territoire où Alexandre avait été nommé pharaon.

– Mais ce fut ton père qui devint roi.

– Le tien reçut en échange quantité de dons. Il devint l'un des principaux fonctionnaires de l'État.

– Mais pas le premier.

– Quand je suis arrivé à Alexandrie avec ma mère, toute mon éducation restait à faire. Je suivais les cours de Philétas et tentais de contenter mon père. Mais mon cœur battit bientôt pour une jeune femme d'Alexandrie. Elle était belle et douce. Elle aimait la poésie et la musique, elle jouait à l'égal d'une déesse. La première fois que je la vis, elle semblait porter sur ses épaules tout le malheur du monde. Elle me fit pitié. Je tentai de la séduire mais elle se déroba. Ses yeux me disaient qu'elle ressentait pour moi de la tendresse et peut-être davantage, mais quand je devenais entreprenant elle mettait fin à notre entretien. Je crus qu'elle était vierge et que son père lui interdisait de côtoyer des hommes, ce qui était normal. Elle avait déjà le droit de sortir accompagnée d'une servante et c'était plus que ne pouvait le faire la majorité des femmes dans cette ville.

– Il est difficile de le croire aujourd'hui...

– Parce que les mœurs ont évolué. En réalité, j'appris que cette femme qui m'était chère était mariée à un homme beaucoup plus âgé qu'elle.

Ptolémée s'arrêta un court instant comme si ce souvenir était trop triste pour lui, puis il reprit.

– Cette jeune femme que j'aimais était l'épouse d'un homme qui aurait pu être son père. Et moi, j'étais adolescent ! J'appris vite qu'elle était malheureuse. Son époux la maltraitait. La pensée qu'il la battait me devint intolérable. Je la suppliais de quitter cet homme. Elle trouva auprès de moi un réconfort et nous devînmes amants, faisant fi de tous les dangers. Nous nous retrouvions la nuit lorsque son mari était couché.

– Dans l'appartement des femmes ?

– Non. Son mari couchait au premier étage et elle au rez-de-chaussée, contrairement à l'habitude. Nous avons passé ainsi trois années ensemble à nous aimer. Mais un jour je lui rendis visite plus tôt qu'à l'accoutumée.

Le roi respira profondément.

– Quand j'arrivai aux abords de la maison, j'entendis des cris épouvantables et reconnus sa voix. Je me précipitai et je vis un horrible spectacle. Sa fille et elle gisaient à terre, ensanglantées. Son mari, un couteau à la main, appelait d'une voix terrible son petit garçon pour le tuer. Il retournait les coffres et renversait les tables dans un fracas épouvantable. Il avait déjà tué son autre fils qui gisait dans une pièce voisine. Je courus alors vers mon char et saisis mon couteau et mon fouet. Nous luttâmes longtemps et je le tuai.

Le roi s'interrompit, puis déclara :

– Cet homme, Alexandros, était ton père. Il venait de tuer ta mère, ta sœur et ton frère. Ce glorieux combattant était aussi un monstre et il avait découvert ma liaison avec ta mère.

Alexandros était atterré.

– Quelle preuve pouvez-vous m'apporter de votre version des faits ? demanda-t-il enfin avec émotion.

Ptolémée hésita.

– Je t'ai cherché, ce jour-là, sans te trouver et il m'était impossible de m'attarder. Aussi ai-je envoyé sur place une servante dévouée à mon père. Elle connaissait ma liaison avec ta mère et elle t'aimait. Elle m'a promis de jouer le jeu et de te retrouver.

Cette servante que j'ai affranchie a tenté dernièrement de te sauver et de t'éloigner d'Alexandrie. Elle ne faisait qu'exécuter mes ordres car je savais que ta vie était en danger. Je connaissais l'existence des reconnaissances de dettes. Quand j'ai su que tu les avais retrouvées, j'ai compris que tu tenterais de tuer ceux qui te paraissaient coupables : Apollônios, Zénodote et Tousert. Je devais absolument t'en empêcher.

– Vous avez donc envoyé vers moi celle qui se faisait passer pour une vieille voyante.

– Oui, et je ne pensais pas que tu te montrerais si têtu. Quand j'ai compris que rien ne pourrait arrêter ta vengeance, j'ai décidé d'anticiper ton geste pour t'éviter de devenir un assassin.

– Vous avez fait tuer Tousert ?

– Oui. C'est mon fidèle Agnathos qui a imaginé ce stratagème pour tuer Tousert. Oh ! Tousert n'était guère digne de vivre. Il était cupide et cruel envers sa famille et ses ouvriers.

– Mais Néferet ?

– Néferet, c'est un accident. Croyant que tu avais tué Tousert, Apollônios avait envoyé l'un de ses esclaves pour t'éliminer. Cet esclave t'a suivi lorsque tu es sorti de chez toi, mais le lion qu'il a libéré n'a pas sauté sur toi. Il s'est dirigé vers Néferet…

– Et vous avez éliminé Apollônios…

– Agnathos s'en est chargé. Il devenait trop dangereux. Son seul but était de te tuer. Il a tenté de te faire condamner à mort. Bien évidemment, je t'ai fait sortir de geôle dès que j'ai appris que tu étais emprisonné.

– Et vous auriez tué Zénodote, votre précepteur ?

– Oui, si cela s'était avéré nécessaire. C'est la raison pour laquelle j'ai répondu à son appel. Il voulait avoir une discussion avec moi au sujet de sa fille et je voulais lui parler de ses intentions à ton sujet. C'est moi qui ai fait envoûter Héléna par une magicienne. C'était le seul moyen de le tenir. La vieille servante lui a volé une bague. Un objet lui appartenant était suffisant pour que l'envoûtement fût effectif.

– Mais pourquoi ? N'est-ce pas là mon histoire ? Il suffisait de me révéler la vérité lorsque je suis arrivé ici.

– J'ai répondu favorablement à ta lettre qui demandait l'hospitalité du roi pour étudier à Alexandrie, parce que je souhaitais te connaître. Ensuite, quand j'ai compris que tu étais venu ici pour rechercher la vérité, j'ai réalisé que j'avais commis une erreur et que tu n'aurais jamais dû quitter la Macédoine.

– Quel intérêt vous portez au fils d'un homme qui a tué sa femme et ses enfants !

Le roi paraissait maintenant bouleversé.

– Tu n'es pas le fils d'Agathos. Tu es mon fils, le fils de Ptolémée, fils de Ptolémée Sôtêr, pharaon d'Égypte. C'est moi qui fais entretenir la tombe de ta mère, de ta sœur et de ton frère. Je les aimais. Ton père a eu une sépulture, mais je ne voulais pas qu'il vive dans l'au-delà aux côtés de ta mère. Tu es notre fils et je te protégerai tant que Rê acceptera de nous faire voir la lumière du jour. Ensuite, nos âmes seront réunies pour l'Éternité.

Alexandros demeura abasourdi.

– Je voudrais aussi que tu sois le nouveau dioécète de ce pays afin de mieux connaître l'Égypte et la manière dont on gouverne. Je voudrais enfin que tu m'accompagnes désormais dans mes tournées d'inspection.

– Père, répéta Alexandros. Vous êtes mon père…

– Sans aucun doute.

– Alors, laissez-moi déjà réaliser que je suis le fils du roi. Laissez-moi vous regarder avec les yeux d'un fils. Vous savez cela depuis plus de vingt ans. Je viens seulement de l'apprendre. J'ai besoin de temps pour comprendre et accepter.

– Fais, mon enfant. Alexandros Agathos n'a jamais existé qu'au nom de la loi. Tu es mon fils pour toujours. Sache que je t'aime et que je ne t'ai jamais oublié même pendant les longues années que tu as passées loin de moi. Les dieux nous accablent en nous donnant la curiosité, à nous, les hommes. J'ai commis une erreur en souhaitant connaître quel homme mon fils était devenu. Aujourd'hui je ne saurais le regretter car nous sommes enfin réunis et tu connais enfin la vérité.

– C'est mieux ainsi, dit simplement Alexandros. Il fallait que ce fût ainsi.

28

– Rien de plus facile que de guérir Héléna, avait dit le roi. Il suffit de la désenvoûter et, pour cela, il te faut l'une de ses mèches de cheveux. Ensuite, tu iras trouver l'exorciseur dont je vais t'indiquer le nom. N'aie crainte ! Elle recouvrera la santé.

Alexandros se rendit chez le médecin, qui veillait toujours sa patiente avec la même assiduité et le même désespoir.

– Je ne comprends plus rien, lui dit-il. J'avoue mon impuissance. Héléna ne se porte pas plus mal, mais son état ne s'améliore pas. Létho s'est rendue chez des magiciens. Tous lui ont affirmé que sa fille avait été ensorcelée. Cependant aucun n'a pu la guérir. Pauvre enfant ! Je crains que son âme n'aille rejoindre l'au-delà.

Alexandros ne répondit pas aux lamentations du médecin. Il se contența de sortir de la petite poche de sa tunique la bague que le roi lui avait rendue.

– Avec ce bijou, Héléna guérira.

– Qu'est-ce ?

– Une bague qui lui appartient.

Alexandros remit le bijou au doigt de la jeune femme inconsciente puis réclama un couteau au médecin, qui tressaillit.

– Rassurez-vous, lui dit Alexandros. Je ne suis pas un assassin ! Donnez-moi un instrument qui coupe. J'ai besoin d'une mèche de ses cheveux.

Le médecin s'exécuta.

Quand il se trouva en possession de la précieuse mèche, Alexandros se rendit à l'adresse que le roi lui avait indiquée. Le magicien habitait le quartier de Rhacotis, non loin de chez Khéty. Celui-ci se contenta de prendre l'argent que lui tendait Alexandros et de prononcer quelques formules absconses après avoir placé la mèche de cheveux devant lui.

– Est-elle guérie ? lui demanda Alexandros quand il eut terminé.

Le magicien hocha la tête de haut en bas et attendit qu'il partît.

Le Macédonien ne retourna pas chez le médecin pour constater si Héléna était effectivement guérie. Il pressentait qu'elle s'était levée et qu'elle était sauve. Il se rendit en revanche chez son oncle à qui il raconta tout ce qu'il avait appris en quelques heures.

– Qu'en penses-tu ? lui demanda Alexandros.

– Je suis étonné car je ne connaissais pas mon frère sous cet angle. Il est vrai que je le voyais si peu...

– Crois-tu cette histoire insensée ?

– Non, répondit le vieil homme. Tout est plausible. Le roi ne mentirait pas. Il est tout-puissant et n'a aucune raison de se protéger derrière des mensonges.

– Je le pense aussi.

– Que vas-tu faire ?

– Je ne sais. Que ferais-tu à ma place, mon oncle ? Alexandros se reprit.

– Qu'importe ! Tu es mon oncle et tu le resteras quels que soient les événements. Je t'aime comme un père.

– Réfléchis, mon enfant, car ton destin dépend de ta décision. Je ne veux pas en modifier le cours. Tu pourrais prendre une direction que tu regretterais et me le reprocher toute ta vie. Or je ne veux que ton bonheur. Prends ton temps. Le roi patientera. Pèse le pour et le contre. N'oublie jamais cependant de laisser parler ton cœur. Si tu ne te sens pas fait pour gouverner, si tu détestes le pouvoir, ne choisis pas de diriger ce pays uniquement parce qu'il est grisant d'être le chef. Songe à ce que deviendra ta vie, accaparée par les obligations politiques, sociales, économiques ou militaires. Songe aussi que tu n'auras plus le temps de poursuivre ton œuvre. Être un homme de pouvoir ou un savant, il faut choisir.

Alexandros l'écoutait sans mot dire, attentif à ses conseils comme il l'avait toujours été, sauf quand il avait décidé de s'embarquer pour Alexandrie.

– Rappelle-toi. Tu as déjà fait un choix, il y a quelques années. Tu aurais pu devenir athlète olympique. Tu as préféré les sciences et l'histoire…

– Je te promets d'agir selon mes affinités et de ne pas me laisser aveugler par les honneurs, mon oncle.

– Alors, va te reposer. Dors profondément. Les dieux te souffleront demain la voie à suivre.

Malgré une nuit agitée, Alexandros se réveilla le lendemain l'esprit plus clair que la veille. Il avait pris la seule décision possible.

Il plia ses vêtements dans un sac qu'il jeta sur son épaule, regarda longuement par la fenêtre de sa chambre le phare d'Alexandrie qui dominait le grand port, face au palais où l'attendait le roi, son père. Puis il écrivit un mot à l'attention de Sethnacht qu'il remerciait de son accueil et le laissa en évidence sur la table.

Il descendit les marches du petit immeuble sans se retourner et partit d'un pas décidé rejoindre son oncle.

– Il y aura bien aujourd'hui un bateau en partance pour la Grèce, lui dit-il en clignant de l'œil.

Le vieil homme lui tomba dans les bras.

– Je le savais ! Nous rentrons en Grèce ! Je suis sûr que tu as fait le bon choix, Alexandros.

– N'y a-t-il pas quelque part en Macédoine une maison qui nous attend ? Ne le répète jamais au roi mais, quant à moi, je préfère aller étudier à Pergame. Si je restais ici, mon père tenterait chaque jour de me convaincre de gouverner et je risquerais de céder !

– Et la maison d'Agathos ?

– Que les ans la détruisent à jamais ! Il ne me reste

qu'à aller me recueillir sur la tombe de mère avant notre départ.

Le cimetière avait perdu ses allures de sombre jardin mystérieux aux allées tristes et symétriques.

- Inutile ! clama Alexandros au gardien qui s'apprêtait à lui barrer la route dès qu'il eut atteint la rangée de tombes auxquelles il apportait le plus grand soin. Je suis le fils du roi, ton maître. Si tu oses seulement porter la main sur moi, je te tue !

Le garde recula d'un pas.

- Tu accomplis ton travail le mieux possible, mais cette tombe est celle de ma mère et j'interdis à quiconque de s'opposer à mon passage.

Le garde se retourna vers un tombeau pour guetter un signe. La vieille servante du roi sortit de sa cachette.

- Tu peux le laisser faire, affirma-t-elle. Il dit la vérité. Il est bien le fils du roi et de cette femme qui est morte.

Le garde s'écarta aussitôt.

- Te voilà encore, dit Alexandros à la vieille. Je pensais ne plus te revoir.

- Regretterais-tu ma présence ?

- Pourquoi avoir volé la bague d'Héléna ? Tu nous espionnais donc ?

- Je n'ai fait qu'exécuter les ordres du souverain qui m'a donné la liberté. J'étais esclave, ne l'oublie pas. Le roi m'a affranchie et m'a permis de m'occuper de toi.

- Je pars enfin, es-tu satisfaite ?

La vieille le regarda avec stupéfaction.

– Décidément, Alexandros, tu m'étonneras toujours. Quand le danger menaçait et que je te conseillais de quitter ce pays, tu t'obstinais à rester. Maintenant que le roi veut gouverner avec toi, tu décides de partir..

– Pourquoi m'avoir menti et m'avoir laissé croire que tu étais l'employée de mes parents ?

– Je n'ai pas menti, Alexandros. A l'époque, j'étais au service du roi Ptolémée Sôtêr et de son fils. Quand Ptolémée Philadelphe m'a demandé de rentrer au service d'Agathos pour veiller sur ta mère et sur toi, j'ai accepté. Je lui rapportais ce qui se passait chez Agathos.

– Et après la mort de ma mère ?

– Je suis retournée au palais.

– Mais le roi Sôtêr a dû s'étonner de ton absence Son fils ne pouvait lui révéler sa liaison avec ma mère…

– Aussi ai-je menti. Je lui ai dit que je retournais dans mon pays. Quand je suis revenue, il m'a aussitôt reprise à son service.

La vieille s'était approchée d'Alexandros.

– Puis-je te serrer contre moi ? lui demanda-t-elle avec tendresse. Vois-tu, tu me considères comme une simple servante, mais je t ai tenu dans mes bras quand tu étais enfant. Je t'ai secouru. Certes, j'étais impuissante à sauver ta mère, mais tu as survécu. Je t'ai tant aimé lorsque tu es né ! J'étais présente Ta mère était si fière de toi !

– Aimait-elle le roi ?

– Oui. Sans le moindre doute.

Alexandros lui prit les mains.

– Je ne me souviens plus de ton visage, lui confia-t-il. Mais à entendre ta voix et tes douces paroles, il me semble te reconnaître. Tu as bercé ma tendre enfance ; sois-en remerciée et reçois en échange toute mon affection. Si tu n'étais pas libre aujourd'hui, sans doute t'aurais-je affranchie. Si tu souhaites un jour me suivre en Grèce, viens avec moi. Tu ne le regretteras pas.

La vieille femme pleura sur sa poitrine.

– J'ai ressenti une telle peur ces derniers jours… Ton oncle est venu ici hier. C'est Agnathos qui entretient ce tombeau. C'est lui qui s'est enfui lorsque tu te battais.

Ils se recueillirent ensemble sur la tombe, fleurie du matin, et sortirent du cimetière comme s'ils renaissaient à la vie. Au bout de la route, une silhouette se découpait à contre-jour.

– Héléna, murmura Alexandros.

La jeune femme courut vers lui.

– Je savais que tu étais guérie.

– Grâce à toi…

– Ou au destin.

– Allons ! Ne fais pas le modeste. J'ai appris que tu allais gouverner ce pays.

– Les rumeurs vont vite…

– Plus que partout ailleurs, dit la vieille en baissant les yeux.

– Héléna, je pars. Je retourne en Grèce. C'est mon pays.

– Mais Alexandrie est une ville grecque !

– Je n'y vois ni mes forêts ni mes montagnes.

– Reste ici, supplia Héléna.

– Non, Héléna. Ma décision est prise.

Il lui caressa la joue.

– Je ne suis pas un homme politique. J'ai besoin de liberté pour travailler et réfléchir.

– Et moi ? dit-elle timidement.

– Viens avec moi. Je pars aujourd'hui avec mon oncle. Je ne regrette rien.

– Mais comment pourrais-je partir ainsi ? Et mes parents ? La bibliothèque ?

– Choisis, Héléna, ou viens me rejoindre plus tard.

– Je ne peux pas tout quitter ainsi sur un coup de tête !

Alexandros lui prit le visage entre ses mains et la regarda dans les yeux.

– Mon oncle te conseillerait de faire le choix de ton cœur.

– Mon cœur est avec toi mais ma vie est ici. Je sais que tu reviendras à Alexandrie, que l'Égypte te manquera désormais, que tu voudras mieux connaître ton père.

– Qui le prétend ?

– Moi, Héléna !

– Que les dieux te protègent ! lui dit-il en la serrant dans ses bras et en lançant un regard complice à sa vieille servante. Que Sérapis veille sur vos âmes.

Puis il remit son sac sur son épaule et suivit son chemin en direction du port sans se retourner vers le domaine où sa mère avait trouvé la mort. Quand il arriva à la courbe du chemin qui descendait ensuite en pente très douce le long du rivage, son cœur bondit de joie en entendant des sandales fouler la terre derrière lui.

– Je viens avec toi, lui dit Héléna en se plantant devant lui. Mais, par Zeus ! attends-moi donc. Je viens avec toi, mais je suis sûre, par tous les dieux que je vénère, que tu reviendras un jour prochain vivre auprès de ton père…

– Aujourd'hui, celui qui m'a élevé m'attend. C'est un vieil homme qui a tout sacrifié pour moi et je l'aime comme un père.

ÉGALEMENT CHEZ POCKET LITTÉRATURE « GÉNÉRALE »

ALBERONI FRANCESCO
Le choc amoureux
L'érotisme
L'amitié
Le vol nuptial
Les envieux
La morale

ARNAUD GEORGES
Le salaire de la peur

BARJAVEL RENÉ
Les chemins de Katmandou
Les dames à la licorne
Le grand secret
La nuit des temps
Une rose au paradis

BERBEROVA NINA
Histoire de la baronne Boudberg
Tchaïkovski

BERNANOS GEORGES
Journal d'un curé de campagne
Nouvelle histoire de Mouchette
Un crime

BESSON PATRICK
Le dîner de filles

BLANC HENRI-FRÉDÉRIC
Combats de fauves au crépuscule
Jeu de massacre

BOULGAKOV MIKHAÏL
Le maître et Marguerite
La garde blanche

BOULLE PIERRE
La baleine des Malouines
L'épreuve des hommes blancs
La planète des singes
Le pont de la rivière Kwaï
William Conrad

BOYLE T. C.
Water Music

BRAGANCE ANNE
Anibal
Le voyageur de noces
Le chagrin des Resslingen

BRONTË CHARLOTTE
Jane Eyre

BURGESS ANTHONY
L'orange mécanique
Le testament de l'orange

BUZZATI DINO
Le désert des Tartares
Le K
Nouvelles (Bilingue)
Un amour

CARRIÈRE JEAN
L'épervier de Maheux

CARRIÈRE JEAN-CLAUDE
La controverse de Valladolid
Le Mahabharata
La paix des braves
Simon le mage

CESBRON GILBERT
Il est minuit, Docteur Schweitzer

CHANDERNAGOR FRANÇOISE
L'allée du roi

CHANG JUNG
Les cygnes sauvages

CHATEAUREYNAUD G.-O.
Le congrès de fantomologie
Le château de verre
La faculté des songes

Cholodenko Marc
Le roi des fées

Clavel Bernard
Le carcajou
Les colonnes du ciel
1 La saison des loups
2. La lumière du lac
3. La femme de guerre
4. Marie Bon pain
5. Compagnons du Nouveau Monde
La grande patience
1 La maison des autres
2. Celui qui voulait voir la mer
3. Le cœur des vivants
4 Les fruits de l'hiver

Courrière Yves
Joseph Kessel

David-Néel Alexandra
Au pays des brigands gentilshommes
Le bouddhisme du Bouddha
Immortalité et réincarnation
L'Inde où j'ai vécu
Journal, tome 1 et tome 2
Le Lama aux cinq sagesses
Magie d'amour et magie noire
Mystiques et magiciens du Tibet
La puissance du néant
Le sortilège du mystère
Sous une nuée d'orages
Voyage d'une Parisienne à Lhassa
La lampe de sagesse
La vie surhumaine de Guésar de Ling

Deniau Jean-François
La Désirade
L'empire nocturne
Le secret du roi des serpents
Un héros très discret
Mémoires de 7 vies

Fernandez Dominique
Le promeneur amoureux

Fitzgerald Scott
Un diamant gros comme le Ritz

Forester Cecil Scott
Aspirant de marine
Lieutenant de marine
Seul maître à bord
Trésor de guerre
Retour à bon port
Le vaisseau de ligne
Pavillon haut
Le seigneur de la mer
Lord Hornblower
Mission aux Antilles

France Anatole
Crainquebille
L'île des pingouins

Franck Dan/Vautrin Jean
La dame de Berlin
Le temps des cerises
Les noces de Guernica
Mademoiselle Chat

Genevoix Maurice
Beau François
Bestiaire enchanté
Bestiaire sans oubli
La forêt perdue
Le jardin dans l'île
La Loire, Agnès et les garçons
Le roman de Renard
Tendre bestiaire

Giroud Françoise
Alma Mahler
Jenny Marx
Cœur de tigre
Cosima la sublime

Grèce Michel de
Le dernier sultan
L'envers du soleil – Louis XIV
La femme sacrée
Le palais des larmes
La Bouboulina

Hermary-Vieille Catherine
Un amour fou
Lola

Inoué Yasushi
Le geste des Sanada

Jacq Christian
L'affaire Toutankhamon
Champollion l'Egyptien
Maître Hiram et le roi Salomon
Pour l'amour de Philae
Le Juge d'Egypte
1 La pyramide assassinée
2. La loi du désert
3. La justice du Vizir
La reine soleil
Barrage sur le Nil
Le moine et le vénérable
Sagesse égyptienne
Ramsès
1. Le fils de la lumière
2. Le temple des millions d'années
3. La bataille de Kadesh
4. La dame d'Abou Simbel
5. Sous l'acacia d'Occident

Joyce James
Les gens de Dublin

Kafka Franz
Le château
Le procès

Kazantzaki Nikos
Alexis Zorba
Le Christ recrucifié
La dernière tentation du Christ
Lettre au Greco
Le pauvre d'Assise

Kessel Joseph
Les amants du Tage
L'armée des ombres
Le coup de grâce
Fortune carrée
Pour l'honneur

Lainé Pascal
Elena

Lapierre Alexandra
L'absent
La lionne du boulevard
Fanny Stevenson

Lapierre Dominique
La cité de la joie

Lapierre Dominique
et Collins Larry
Cette nuit la liberté
Le cinquième cavalier
Ô Jérusalem
... ou tu porteras mon deuil
Paris brûle-t-il ?

Lawrence D.H.
L'amant de Lady Chatterley

Léautaud Paul
Le petit ouvrage inachevé

Levi Primo
Si c'est un homme

Lewis Roy
Le dernier roi socialiste
Pourquoi j'ai mangé mon père

Loti Pierre
Pêcheur d'Islande

Mallet-Joris Françoise
La maison dont le chien est fou
Le Rempart des Béguines

Mauriac François
Le romancier et ses personnages
Le sagouin

Messina Anna
La maison dans l'impasse

Michener James A.
Alaska
1. La citadelle de glace
2. La ceinture de feu
Caraïbes (2 tomes)
Hawaii (2 tomes)
Mexique
Docteur Zorn

Mimouni Rachid
De la barbarie en général et de l'intégrisme en particulier
Le fleuve détourné
Une peine à vivre
Tombéza
La malédiction

Le printemps n'en sera que plus beau
Chroniques de Tanger

MONTEILHET HUBERT
Néropolis

MONTUPET JANINE
La dentellière d'Alençon
La jeune amante
Un goût de miel et de bonheur sauvage

MORGIÈVRE RICHARD
Fausto
Andrée
Cueille le jour

NAKAGAMI KENJI
La mer aux arbres morts
Mille ans de plaisir

NASR EDDIN HODJA
Sublimes paroles et idioties

NIN ANAÏS
Henry et June (Carnets secrets)

PEREC GEORGES
Les choses

QUEFFELEC YANN
La femme sous l'horizon
Le maître des chimères
Prends garde au loup
La menace

RADIGUET RAYMOND
Le diable au corps

RAMUZ C.F.
La pensée remonte les fleuves

REY FRANÇOISE
La femme de papier
La rencontre
Nuits d'encre
Marcel facteur

ROUANET MARIE
Nous les filles
La marche lente des glaciers

SAGAN FRANÇOISE
Aimez-vous Brahms..
… et toute ma sympathie
Bonjour tristesse
La chamade
Le chien couchant
Dans un mois, dans un an
Les faux-fuyants
Le garde du cœur
La laisse
Les merveilleux nuages
Musiques de scènes
Répliques
Sarah Bernhardt
Un certain sourire
Un orage immobile
Un piano dans l'herbe
Un profil perdu
Un chagrin de passage
Les violons parfois
Le lit défait
Un peu de soleil dans l'eau froide
Des bleus à l'âme

SALINGER JEROME-DAVID
L'attrape-cœur
Nouvelles

STOCKER BRAM
Dracula

TARTT DONNA
Le maître des illusions

TROYAT HENRI
Faux jour
La fosse commune
Grandeur nature
Le mort saisit le vif
Les semailles et les moissons
1. Les semailles et les moissons
2. Amélie
3. La Grive
4. Tendre et violente Elisabeth
5. La rencontre

La tête sur les épaules

VIALATTE ALEXANDRE
Antiquité du grand chosier

Badonce et les créatures
Les bananes de Königsberg
Les champignons du détroit de Behring
Chronique des grands micmacs
Dernières nouvelles de l'homme
L'éléphant est irréfutable
L'éloge du homard et autres insectes utiles
Et c'est ainsi qu'Allah est grand
La porte de Bath Rahbim

Wallace Lewis
Ben-Hur

Waltari Mika
Les amants de Byzance
Jean le Pérégrin

Achevé d'imprimer en septembre 1998
sur les presses de l'Imprimerie Bussière
à Saint-Amand (Cher)

POCKET - 12, avenue d'Italie - 75627 Paris Cedex 13
Tél. : 01-44-16-05-00

— N° d'imp. 2130. —
Dépôt légal : octobre 1998.

Imprimé en France

POCKET - 12, avenue d'Italie - 75627 Paris Cedex 13
Tél. : 01-44-16-05-00

— N° d'imp. 2130 —
Dépôt légal : octobre 1998

Imprimé en France